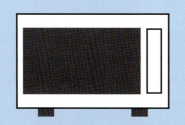

村上レンチン食堂の
「15分で2品」定食

村上祥子

講談社

はじめに

かつて高嶺の花だった電子レンジをやっと手に入れた直後、
私は試行錯誤をくり返しながら毎日のように電子レンジ料理を作っていました。
でも、それらの料理は「電子レンジなんて捨ててしまえ！」と
温和な夫の啓助さんに言われるほど、まずいものでした。
それもそのはず、電子レンジを新式のオーブンと思い込み、使っていたからです。

電子レンジによる加熱は、それまでの薪やガスとも、電気コンロとも違います。
基本的に食品の水分だけで加熱できるという、画期的なものです。
そのため栄養が逃げません。食材のうまみを充分に引き出すことができるので、調味料が少なくても、
減塩をしても、おいしく作れます。炒め物も食品の水分を利用するので、油が少なくてすみます。

「これだ！ 糖尿病食にぴったり！」と、教えていた大学の栄養実習講座に取り入れてみると、
ひとり暮らしの学生さんたちの間であっという間に人気となりました。
電子レンジクッキングは耐熱ボウル１個あれば調理でき、後片づけも楽、
そして何よりも時短調理だったからです。

電子レンジは同じメーカーの製品でも個体差が大きい器具です。使う耐熱ボウルが大きければ、
その分、食材から出た熱を奪われてしまい、調理時間が本書の表記より長くかかることがあります。
逆に、時間どおりにすると加熱しすぎてしまうこともあります。
いいにおいが立ち始めたら、セットした時間の前でも、一度電子レンジの扉を開け、
竹串を刺すなどして加熱状態を確かめてください。

この本では、電子レンジ料理をメイン＋サブの２品定食スタイルで、季節ごとに紹介することにしました。
電子レンジは特性を理解して上手に使えば、
旬の食材がもつ味、香り、食感を上手に生かすことができます。
作り方もなるべく簡単に、作りやすいように考えてあります。
これらのレシピが、毎日の食卓に季節感とおいしさを運んでくれることを願っています。

村上祥子

もくじ

はじめに 2
村上流・レンジクッキング 万能テクニック 6
この本は…… 8

第1章
2品が15分で完成！
季節の定食

春の定食

えびチリ／アスパラガスのヨーグルトソースかけ 10
チャーシュー／そら豆の豆乳湯 11
さわらのブイヤベース／さつまいものサラダ 12
かにかま芙蓉蟹／酸辣白菜 14
たいのアクアパッツァ／パンプキンスープ 16
鶏の照り焼き／白菜と水菜の中華サラダ 18
豆腐と油揚げのさっと煮／豚汁 20
チキンドライカレー／さやいんげんのサラダ 21
蒸し鶏の生春巻き／ベトナム風春雨スープ 22

夏の定食

揚げない鶏のから揚げ／トマトと青じそのピリ辛サラダ ... 24
青椒肉絲／酸辣湯 26
チキンのバスク風／しめじのバターライス 28
麻婆豆腐／もやしのごまマヨあえ 30
えびマヨ／たたききゅうりのかにあんかけ 32
あじの梅煮／ほうれんそうのおひたし 34
いかゲソの煮つけ／ポテトサラダ 35

秋の定食

豚肉のザワークラウト煮／
にんじんのグラッセ＆ブロッコリーのペペロンチーノ ……… 38
きのこのカレー／サーモンとグレープフルーツのサラダ ……… 40
回鍋肉／卵チャーハン ……… 42
温たまグラタン／カリフラワーのカレーマリネ ……… 44
さばのみそ煮／かぼちゃと油揚げの汁物 ……… 46
ロールキャベツ＆ミートソース／チーズポテト ……… 47
かきのおろし鍋／カリフラワーとたこのさっと煮 ……… 48

冬の定食

ぶり大根／ほうれんそうの白あえ ……… 50
やわらかハンバーグ／コーンチャウダー ……… 51
きんめだいの煮つけ／しじみのみそ汁 ……… 52
あさりのチゲ／にらとねぎのおひたし ……… 54
スパイシーチキンスペアリブ／オレンジのサラダ ……… 56
ミートボールのクリームシチュー／
キャベツとにんじんのホットサラダ ……… 58
親子丼／りんごのコンポート＆ヨーグルト ……… 60

旬をいただきましょう！

春・夏編 ……… 36
秋・冬編 ……… 61

食材を
使いまわしましょう！

春・夏編 ……… 37
秋・冬編 ……… 62

第2章 レンジでここまでできる！
使いこなしワザ16

お米とだしに使えます ……… 64
1 炊飯器よりご飯が早く炊けます！　2 おかゆだって簡単！　3 一発でだしがとれます！

卵料理に使えます ……… 66
4 ゆで卵1個が簡単に作れます！　5 温泉卵だって1分で完成！
6 楽ちん茶わん蒸しにも挑戦してみましょう！

お手軽デザートが作れます ……… 68
7 大好評のやわらかとろりんプリンの作り方を伝授しましょう！
8 卵白で作るホワイトプリンも覚えてください！
9 レンチン3分、豆乳ヨーグルトはリピーター続出の絶品デザート！

ピザとフォカッチャが作れます ……… 70
10 オーブンを使わず電子レンジだけでピザが作れます！
11 こちらもオーブン不要！　同じ生地でフォカッチャも作れます！

ジャムが作れます ……… 72
12 電子レンジならジャムが短時間で作れます！

余った野菜を使いきれます ……… 73
13 あと一品欲しいとき、レンチン2分で野菜100gのおかずができます！
14 余った野菜を使いきれるおいしいレシピがあるのですよ！

常備菜が作れます ……… 76
15 レンジだけで作れる、秘伝の村上流作りおき常備菜3種！

魚が焼けます ……… 77
16 取っておき！グリルも焼き網も使わず、電子レンジで干物が焼けます！

この本の決まり
◎大さじ1は15mℓ、小さじ1は5mℓ、カップ1は200mℓです。
◎電子レンジの加熱時間は600Wの場合の目安です。お使いのものに合わせて様子を見ながら調節してください。その際、個々の機種の使用法に従ってご使用ください。

村上流・レンジクッキング

テクニック 1　調理に合わせてラップのかけ方を変える

ラップはレンジクッキングのふた代わりです。ラップをかけない、ラップをふんわりかける、両端をあけてかける、など使い分けることによって、作りたい料理の水分量を調節します。

ほとんどの料理で使う基本のかけ方
ふんわりラップ

耐熱ボウルや耐熱皿全体に、空気を含ませるようにふんわりとラップをかけます。ぴったりとはりつけないで、雑な感じにかけることが大切。ラップをぴったりかけると、加熱中、ラップは縮むのに、中の空気は膨張するため、ラップがパーンとはずれてしまいます。野菜の下ごしらえ、煮物、蒸し煮など、食材の水分を逃さないで加熱するときのかけ方です。

水分量が多いときのかけ方
端あけラップ

耐熱ボウルや耐熱皿の両端に5㎜ほどすき間を作るかけ方（加熱後はラップが縮むため、あきが1㎝ほどになる）。ご飯を炊くとき、汁物やスープ、カレーを作るときなど、水蒸気を適度に逃がしながら調理したいときはこのかけ方が最適です。

水分をとばしたいとき、吹きこぼれやすいとき
ラップなし

干し野菜を作るとき、きんぴらやつくだ煮の煮汁を煮つめたいとき、揚げ物を温め直すときなど、食材の水分をとばしてパリッとさせたいときは、ラップを使いません。また、ホワイトソースやクリームシチューのように牛乳を多く使用するときは、吹きこぼれ防止のために、ラップはかけずに加熱します。

テクニック 2　クッキングシートと小皿を落としぶた代わりに

電子レンジは蒸し煮は得意でも、味をしっかりしみ込ませることはできないと考えていませんか？ クッキングシート＋小皿＋ラップで工夫すれば、落としぶたをして煮たときと同じように、よく味がしみた煮物が作れます。

味をしっかりしみ込ませたいとき
クッキングシートと小皿をのせ、ふんわりラップ

煮物、つくだ煮、煮魚など、味をしっかりしみ込ませたいときは、材料の上にクッキングシートをかぶせ、小皿をのせて食材が浮き上がるのを押さえます。ここでのクッキングシートと小皿は、いわば落としぶた代わり。この上からふんわりラップをかけて加熱すれば、まんべんなく対流が起こり、効率よく調味料がしみ込みます。

万能テクニック

テクニック
3

この本では600Wの電子レンジを使用しています。使用している電子レンジのワット数に合わせて加熱時間の調節を

電子レンジは機種によってワット数の設定が違うので、お使いの設定ワット数が違う場合は、下の表を見て、加熱時間の目安にしてください。たとえば600Wで1分なら、500Wでは、約1.2倍の1分10秒になります。

500W	600W	700W	800W
40秒	30秒	30秒	20秒
1分10秒	1分	50秒	50秒
1分50秒	1分30秒	1分20秒	1分10秒
2分20秒	2分	1分40秒	1分30秒
3分	2分30秒	2分10秒	1分50秒
3分40秒	3分	2分30秒	2分20秒
4分50秒	4分	3分30秒	3分
6分	5分	4分20秒	3分50秒
7分10秒	6分	5分10秒	4分30秒
8分20秒	7分	6分	5分20秒
9分40秒	8分	6分50秒	6分
10分50秒	9分	7分40秒	
12分	10分	8分30秒	

＊食材などによって加熱時間が変わってくるので、この時間表はあくまでも目安とし、足りなければもう少し加熱するなど、様子を見ながら行ってください。
＊現行の定格高周波800W出力電子レンジでは、最長加熱時間は6分までとなっています。

この本は……

- ☑ すべて電子レンジのみで作れます

- ☑ すべて1人分の材料です
  （2人分以上作る場合は、そのまま人数をかけた分量になるので簡単です）

- ☑ 2品の料理を下ごしらえ込み約15分で完成できる、
  という基準で選んだレシピです

- ☑ 1食2品は、メインおかずとサブおかずだったり、
  一汁一菜だったりします

- ☑ メインおかずを加熱している間に、サブおかずの下ごしらえが
  できるよう考えました

- ☑ 季節を感じる材料を使った、春夏秋冬それぞれ1週間分ほどの
  定食仕立てになっています

- ☑ 食材は、なるべく1週間以内に
  何度か使いまわせるよう工夫をしました

- ☑ 電子レンジでこんなことまで!?
  と驚くような使い方を第2章にまとめてみました

どうぞ毎日の食事作りにお役立てください！

第1章
2品が15分で完成！
季節の定食

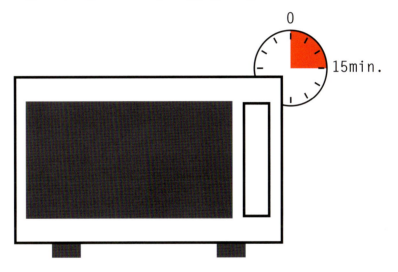

　旬の食材には、大地と海の力強いエネルギーがギュッと詰まっています。この元気のもとを、肉ならしっとり、魚ならふっくら、野菜なら歯触りよく、しかもスピーディーに調理できるのが、電子レンジです。四季の食物の力を、おいしく新鮮なまま食べられる30日分の定食を紹介します。

春の定食

レンジの急速加熱によって
えびがプリプリに！
赤いチリと白いソースが
食欲を誘います。

えびチリ定食

調理時間 **11**分

主菜レンジ中に下ごしらえすれば2品**8分**で完成

えびチリ　　　7分

材料（1人分）
- えび（殻つき・無頭）……… 10尾（150g）
- 長ねぎ ……… 10cm
- A
  - おろしにんにく ……… 小さじ¼
  - トマトケチャップ ……… 大さじ3
  - 水 ……… 大さじ2
  - 酒 ……… 大さじ1
  - 片栗粉、豆板醤(トウバンジャン) ……… 各小さじ½
  - ごま油 ……… 小さじ1

作り方　〈下ごしらえ4分　レンジ3分〉
❶ 長ねぎは1cm幅の斜め切りにする。
❷ えびは殻をむき、背に切り込みを入れて背わたを除き、洗って水けをふく。耐熱ボウルに入れて水カップ½を加え、端あけラップをして、電子レンジで**1分**加熱する。ざるに上げ、水けをきる。
❸ 耐熱ボウルにAを入れて混ぜ、❶、❷を加える。ふんわりラップをし、電子レンジで**2分**加熱する。取り出して混ぜる。

4分　アスパラガスのヨーグルトソースかけ

材料（1人分）
- グリーンアスパラガス ……… 1束（100g）
- A
  - プレーンヨーグルト ……… 大さじ3
  - おろしにんにく ……… 小さじ¼
  - みそ ……… 小さじ1
- 粗びき黒こしょう ……… 少々

作り方　〈下ごしらえ3分　レンジ1分〉
❶ アスパラガスは根元¼を切り落とし、ピーラーで下半分の皮をむき、長さを2等分に切る。
❷ 耐熱ボウルに❶を入れて、水大さじ1を加え、ふんわりラップをして、電子レンジで**1分**加熱する。取り出してさっと水にくぐらせ、水けをきる。
❸ 器に盛り、Aを混ぜ合わせてかけ、黒こしょうをふる。

しっとりとしたチャーシューが
わずか2分の加熱で作れます！
そら豆と豆乳のふわふわスープとどうぞ。

春

チャーシュー定食

調理時間 **11**分

主菜レンジ中に下ごしらえすれば2品8分で完成

チャーシュー　　　6分

材料（1人分）
豚肩ロース肉（とんかつ用）……… 1枚（100g）
A ┌ おろししょうが ……… 小さじ½
　├ 砂糖、みそ ……… 各小さじ1
　└ 豆板醤 ……… 小さじ½
水菜 ……… ½束（100g）

作り方　〈下ごしらえ3分　レンジ3分〉
❶ 耐熱ボウルにAを入れて混ぜ、豚肉を加えてからめる。ふんわりラップをして、電子レンジで2分加熱する。たれをきって肉を取り出し、充分に冷まして薄切りにする。
❷ 水菜は3cm長さに切り、❶の耐熱ボウルに入れる。ふんわりラップをして、電子レンジで1分加熱する。取り出して全体を混ぜる。
❸ 器に❷と❶を盛り合わせる。

5分　　　そら豆の豆乳湯

材料（1人分）
そら豆（さやを除いたもの）……… 100g
A ┌ 豆乳 ……… 120mℓ
　├ レモン汁（または酢）、砂糖 ……… 各小さじ1
　└ 塩 ……… 少々

作り方　〈下ごしらえ3分　レンジ2分〉
❶ そら豆は薄皮に切り込みを入れ、耐熱ボウルに入れて、水大さじ1を加える。ふんわりラップをし、電子レンジで2分加熱する。水にとって冷まし、薄皮を除く。
❷ ミキサーに❶とAを入れ、なめらかになるまで回す。

さわらのブイヤベース定食

調理時間 **17**分

主菜レンジ中に下ごしらえすれば2品12分で完成

春野菜をたっぷり加えた魚のスープ煮です。
カレー粉を少々ふり入れ、スパイシーに仕上げるのが村上流。
ぽってりと甘いさつまいものサラダがよく合います。

さわらのブイヤベース …… 9分

材料（1人分）
- さわら …… 1切れ（100g）
  - 塩、こしょう …… 各少々
- 玉ねぎ …… ¼個（50g）
- にんじん …… ¼本（30g）
- セロリ …… 10cm
- にんにく …… ½かけ
- 黒オリーブ（種なし。輪切り）…… 2個
- A ┌ 白ワイン …… 50mℓ
  - │ 塩 …… 小さじ⅕
  - │ こしょう …… 少々
  - │ オリーブ油 …… 大さじ1
  - │ カレー粉 …… 小さじ¼
  - └ 水 …… 50mℓ
- パセリ（みじん切り）…… 少々

作り方 〈下ごしらえ4分　レンジ5分〉

❶ さわらはペーパータオルで水けをふき、破裂防止のために、皮の中央に血合いに沿って5mmほど切り込みを入れる。両面に塩、こしょうをふる。

❷ 玉ねぎは1cm幅のくし形切りにする。にんじんは皮をむき、拍子木切りにする。セロリは長さを3等分にし、拍子木切りにする。にんにくは包丁の腹でたたいてつぶす。

❸ Aは混ぜ合わせる。耐熱ボウルに❷、黒オリーブを入れ、❶をのせて、Aを加える。端あけラップをし、電子レンジで5分加熱する。

❹ 器に盛り、パセリを散らす。

＼ POINT ／

さわらのほか、たい、たら、さけなどの切り身、三枚おろしのあじ、さばでもおいしく作れます。

さつまいものサラダ …… 8分

材料（1人分）
- さつまいも（皮を厚めにむいたもの）…… 100g
- A ┌ 砂糖 …… 大さじ1
  - │ プレーンヨーグルト …… 大さじ3
  - └ 塩 …… 1つまみ
- プレーンヨーグルト …… 適宜

作り方 〈下ごしらえ5分　レンジ3分〉

❶ さつまいもは3cm厚さの輪切りにする。

❷ 耐熱ボウルに❶を入れ、水カップ½を加える。端あけラップをし、竹串がスーッと通るまで電子レンジで3分加熱する。

❸ ❷の湯を捨て、さつまいもをマッシャーなどでつぶし、Aを加えて混ぜる。

❹ 器に盛り、好みでヨーグルトをかける。

＼ POINT ／

さつまいもは皮の内側の筋まで厚めに皮をむくのがコツ。これで舌ざわりもよく、きれいなクリーム色になりますよ。

かにかま芙蓉蟹定食

主菜レンジ中に下ごしらえすれば2品8分で完成

調理時間 10分

かに玉と白菜の甘酢漬けは中華の人気おかず。
かに玉には緑の野菜をたっぷり加えます。野菜がみずみずしいのはレンジ加熱だからこそ。
卵と同時に野菜も一気に熱が通るからです。

かにかま芙蓉蟹 — 4分

材料（1人分）
- 卵 …… 2個
- かに風味かまぼこ …… 4本
- 長ねぎ（青い部分）…… 10cm×2本
- 水菜 …… ¼束（50g）
- ごま油 …… 大さじ1
- こしょう …… 少々

作り方 〈下ごしらえ2分 レンジ2分〉
❶ かに風味かまぼこはほぐす。長ねぎは小口切り、水菜は3cm長さに切る。
❷ 耐熱ボウルに卵を割りほぐし、ごま油、❶を加えて混ぜる。ふんわりラップをして電子レンジで1分加熱する。
❸ 取り出して、半熟状になった卵をスプーンで大きく混ぜ、再びふんわりラップをして電子レンジで1分加熱する。
❹ 器にすべらせるようにして盛り、こしょうをふる。

\ POINT /

卵が半熟状になったら一度取り出し、混ぜることで、ふんわりとやわらかなかに玉が作れます。

酸辣白菜（サンラーパイツァイ） — 6分

材料（1人分）
- 白菜 …… ⅛個（200g）
  - 塩 …… 小さじ½
- 赤唐辛子（小口切り）…… 2～3切れ
- A ┌ 酢 …… 大さじ2
  │ 砂糖 …… 大さじ1
  └ ごま油 …… 大さじ½

作り方 〈下ごしらえ3分 レンジ3分〉
❶ 白菜は幅を2等分し、斜め細切りにする。
❷ 耐熱ボウルに❶を入れて塩をふり、赤唐辛子を加えてさっと混ぜる。ふんわりラップをし、電子レンジで3分加熱する。
❸ 粗熱が取れたら汁けを絞り、耐熱ボウルに戻して、Aを加えてあえる。

\ POINT /

レンジ加熱するのは、白菜の余分な水分を取り除くためです。
通常は30分以上かかる塩漬けが、わずか3分に時間短縮できます！

春

たいのアクアパッツァ定食

調理時間 **10**分

主菜レンジ中に下ごしらえすれば2品 8分 で完成

春

イタリアン煮魚にかぼちゃのミルクスープを合わせます。
たいを引き立てるのは、トマトのうまみ、ガーリックオイルの香り。
レンジなら水を加えずにできるので、うまみが濃厚です。

たいのアクアパッツァ　5分

材料（1人分）
たい* ……… 1切れ（100g）
トマト ……… 1個（100g）
バジル ……… 4枚
A ┌ おろしにんにく ……… 1かけ分
　└ オリーブ油 ……… 大さじ1
塩、こしょう ……… 各少々
レモン（くし形切り）……… 1切れ
*かじき、さわら、すずき、たらなどの切り身でもよい。

作り方　〈下ごしらえ2分　レンジ3分〉
❶ たいはペーパータオルで水けをふき、破裂防止のために、皮の中央に血合いに沿って5mmほど切り込みを入れる。トマトは6等分のくし形に切り、バジルは葉をちぎる。
❷ 耐熱ボウルにAを入れて、ふんわりラップをし、電子レンジで1分加熱する。
❸ 取り出し、たいを皮を下にして入れ、塩、こしょうをふって、ボウルの中の油をかける。ふんわりラップをし、電子レンジで1分加熱する。
❹ 再び取り出し、トマトを加えて、ふんわりラップをし、電子レンジで1分加熱する。
❺ 仕上げにバジルを加えて混ぜ、器に盛り、レモンを添える。

\ POINT /
まずはにんにくの香りを立てます。フライパンを使うとにんにくを焦がしがちですが、レンジなら時間さえ守れば心配無用。魚を入れたら、油をスプーンですくって全体にかけてください。

パンプキンスープ　5分

材料（1人分）
かぼちゃ（種とわたを取ったもの）……… 100g
砂糖 ……… 小さじ2
塩 ……… 少々
牛乳 ……… 100ml
こしょう ……… 少々

作り方　〈下ごしらえ2分　レンジ3分〉
❶ かぼちゃは一口大に切って、皮をところどころむく。
❷ 耐熱ボウルにかぼちゃを入れ、砂糖と塩をふって混ぜる。ふんわりラップをし、竹串がスーッと通るまで電子レンジで2分加熱する。
❸ 取り出して、かぼちゃをスプーンで粗くつぶし、牛乳を加えて混ぜる。端あけラップをし、電子レンジで1分加熱する。器に盛り、こしょうをふる。

\ POINT /
かぼちゃの皮はかたいので、皮をむくときは、切り口をまな板にピタッとつけ、削り取るようにしてください。

鶏の照り焼き定食

調理時間 **8**分

主菜レンジ中に下ごしらえすれば2品 6分 で完成

春

鶏の照り焼きは油で焼かずに火を通すから、いつもより30％近くカロリーダウン！
コクのある鶏には、少し酸っぱく歯ざわりのよいサラダを添え、口の中をさっぱりさせます。

鶏の照り焼き　　4分

材料（1人分）
鶏もも肉 …… 100g
A ┌ しょうゆ、砂糖 …… 各小さじ2
　├ おろししょうが …… 小さじ¼
　└ ごま油 …… 小さじ1
水溶き片栗粉
　┌ 片栗粉 …… 小さじ¼
　└ 水 …… 小さじ1

作り方　〈下ごしらえ2分　レンジ2分〉
❶　鶏肉は包丁の先で皮を3ヵ所ほど刺し、はじけないようにする。
❷　耐熱ボウルにAを混ぜ合わせ、鶏肉を入れて両面にからめる。皮を下にして置き、ふんわりラップをして、電子レンジで2分加熱する。
❸　❷のたれが熱いうちに、混ぜ合わせた水溶き片栗粉を加えて混ぜ、とろみをつける。
❹　鶏肉を2cm幅に切り、器に盛って、たれをかける。

\ POINT /

たれをからめた鶏肉は皮を下にすること。こうすると、出てきた肉汁がたれの中に流れ出さず、
しっとりとジューシーに仕上がります。

白菜と水菜の中華サラダ　　4分

材料（1人分）
白菜 …… ⅛個（200g）
　塩 …… 小さじ½
水菜 …… ¼束（50g）
A ┌ 酢、ごま油 …… 各大さじ1
　├ 砂糖 …… 小さじ1
　├ 塩 …… 小さじ¼
　└ こしょう …… 少々
刻みのり …… 少々

作り方　〈下ごしらえ2分　レンジ2分〉
❶　白菜は幅を2等分し、4cm長さに切って縦にせん切りにする。耐熱ボウルに入れ、塩をふって混ぜ、ふんわりラップをして、電子レンジで2分加熱する。
❷　粗熱が取れたら水けを絞り、耐熱ボウルに戻す。
❸　水菜は4cm長さに切って❷に加える。Aを混ぜ合わせて加え、さっと混ぜる。
❹　器に盛り、刻みのりをのせる。

\ POINT /

白菜は繊維に沿って縦に切ると、サクサクとした歯ざわりのよさが楽しめます。

一汁一菜の献立は、汁物を具だくさんにすると充実します。2品ともに豆腐を使い、ミニパック1丁を使いきりに。

豆腐と油揚げのさっと煮定食

調理時間 13分

主菜レンジ中に下ごしらえすれば2品11分で完成

豆腐と油揚げのさっと煮 — 6分

材料（1人分）
- 絹ごし豆腐 ……… 100g
- 油揚げ* ……… ½枚（14g）
- A ┬ 砂糖 ……… 大さじ1
　　└ みりん、しょうゆ（あれば薄口）……… 各大さじ½
- おろししょうが ……… 少々

*正方形のすし揚げなら1枚。

作り方　〈下ごしらえ4分　レンジ2分〉
❶ 豆腐は2等分の角切りにする。油揚げは縦横4等分に切る。
❷ 耐熱ボウルにAを入れて混ぜ、❶を加える。ふんわりラップをし、電子レンジで2分加熱する。
❸ 器に盛り、おろししょうがを添える。

7分 — 豚汁

材料（1人分）
- 豚ロース薄切り肉 ……… 1枚（20g）
- 絹ごし豆腐 ……… 50g
- にんじん ……… 3cm
- 水菜 ……… 2本
- A ┬ 水 ……… 150mℓ
　　├ 和風だしの素 ……… 小さじ¼
　　└ みそ ……… 小さじ2

作り方　〈下ごしらえ4分　レンジ3分〉
❶ 豚肉は3cm幅に切る。豆腐は1.5cm角に切る。にんじんは皮をむいてささがきにし、水菜は2cm長さに切る。
❷ 耐熱ボウルにAを入れて溶き合わせ、❶を加える。端あけラップをし、電子レンジで3分加熱する。

レンジカレーはしょうゆが決め手。
これで炒めたときのように香ばしくなります。
サラダはじゃこを加えて和風に。

春

チキンドライカレー定食

調理時間 **14**分

主菜レンジ中に下ごしらえすれば2品**10分**で完成

チキンドライカレー ……… 8分

材料（1人分）
鶏ひき肉 ……… 50g
玉ねぎ（みじん切り）……… ¼個（50g）
ミックスビーンズ（ドライパックまたは水煮）
　……… 70g
A ┌ 酒 ……… 大さじ2
　│ しょうゆ、サラダ油 ……… 各大さじ1
　│ カレー粉 ……… 小さじ1
　│ おろしにんにく、おろししょうが ……… 各小さじ¼
　└ こしょう ……… 少々
ご飯 ……… 150g

作り方 〈下ごしらえ4分　レンジ4分〉
❶ 耐熱ボウルにひき肉、玉ねぎ、ミックスビーンズ、Aを入れて全体を混ぜ、上にご飯をのせる。
❷ ふんわりラップをし、電子レンジで**4分**加熱する。取り出して全体を混ぜ、器に盛ってパセリのみじん切り（分量外）をふる。

6分 ……… さやいんげんのサラダ

材料（1人分）
さやいんげん（筋なし）……… 100g
A ┌ おろしにんにく ……… 小さじ¼
　│ ごま油 ……… 小さじ1
　│ しょうゆ ……… 小さじ½
　└ ちりめんじゃこ ……… 大さじ1
レモン（くし形切り）……… 1切れ

作り方 〈下ごしらえ4分　レンジ2分〉
❶ さやいんげんは両端を切り落とし、長さを3等分に切る。Aは混ぜ合わせる。
❷ 耐熱ボウルにさやいんげんを入れ、Aをかける。ふんわりラップをし、電子レンジで**2分**加熱する。取り出して、全体を混ぜる。
❸ 器に盛り、レモンを添える。

蒸し鶏の生春巻き定食

主菜レンジ中に下ごしらえすれば2品11分で完成

調理時間 13分

春

蒸し鶏がやわらかい！ 秘密はレンジ加熱後の「たたく」にあります。
これぞ村上マジック。サラダ風春巻きに最適の口当たりです。
合わせるスープには同じ野菜を使い、使い残しが出ない工夫を。

蒸し鶏の生春巻き　6分

材料（1人分）

鶏胸肉（皮なし）…… 100g
A ┬ 塩、こしょう …… 各少々
　└ 酒 …… 小さじ1
サニーレタス …… 2枚
万能ねぎ …… 4本
赤ピーマン …… 1個
生春巻きの皮* …… 2枚
B ┬ マヨネーズ …… 大さじ1
　└ 牛乳 …… 小さじ1/2

*スーパーの中華材料コーナーなどで市販されています。

作り方 〈下ごしらえ4分　レンジ2分〉

❶ 耐熱ボウルに鶏肉を入れ、Aをふる。ふんわりラップをし、電子レンジで2分加熱する。取り出して少し蒸らす。

❷ サニーレタスは1枚ずつ折りたたむ。万能ねぎは10〜12cm長さに切る。赤ピーマンはへたと種を取り、1cm幅の縦細切りにする。

❸ ❶の鶏肉をまな板に置いてラップをかぶせ、めん棒などでたたいて肉の繊維をほぐし、手で1cm幅に裂く。耐熱ボウルに戻し、蒸し汁をからめる。

❹ 生春巻きの皮1枚を水にさっとくぐらせ、まな板に置く。中央にそれぞれ1/2量のサニーレタス、❸、万能ねぎ、赤ピーマンを順にのせ、手前、左右の端を折り込んでクルクルと巻く。残りも同様に作る。

❺ 食べやすく切って器に盛り、Bを混ぜ合わせて添える。

\ POINT /

鶏胸肉をめん棒でたたき、肉の繊維をほぐすことによって、手でも簡単にほぐれるほどやわらかくなります。

ベトナム風春雨スープ　7分

材料（1人分）

春雨（乾燥）…… 30g
サニーレタス …… 2枚
万能ねぎ …… 4本
赤ピーマン …… 1個
A ┬ 水 …… 200mℓ
　└ オイスターソース …… 小さじ2
こしょう …… 少々

作り方 〈下ごしらえ3分　レンジ4分〉

❶ サニーレタスは4〜5cm角に切る。万能ねぎは3cm長さに切る。ピーマンはへたと種を取り、3cm長さの縦細切りにする。

❷ 春雨は乾燥のままはさみで半分に切り、耐熱ボウルに入れる。Aを加え、端あけラップをして、電子レンジで4分加熱する。

❸ ❶を❷に加え、器に盛って、こしょうをふる。

\ POINT /

春雨はもどさずに加えてOK！ もどすことも加熱もレンジで同時に行います。

夏の定食

揚げない鶏のから揚げ定食

調理時間 **10**分

主菜レンジ中に下ごしらえすれば2品**7分**で完成

夏

揚げたようにカラッとはいきませんが、
「レンジ鶏からはヘルシーでやわらかいから好き」という熱烈なファンもいます。
サラダはレンジを使った香りの引き立て方がポイントです。

揚げない鶏のから揚げ ……… 6分

材料（1人分）
鶏もも肉 ……… 150g
A ┌ しょうゆ、砂糖、酒 ……… 各小さじ1
　 └ おろしにんにく ……… 少々
小麦粉、サラダ油 ……… 各小さじ1

作り方　〈下ごしらえ3分　レンジ3分〉
❶ 鶏肉は6等分に切り、Aをからめる。
❷ ❶の鶏肉に小麦粉をまぶす（まだらにつく程度でよい）。クッキングシートを敷いた耐熱皿に、鶏肉を皮が下になるようにして並べ、それぞれにサラダ油を少量ずつかけて、スプーンの背で塗る。
❸ ふんわりラップをして、電子レンジで3分加熱する。

\ POINT /
鶏肉は皮を下にし、肉のほうに油を塗って加熱します。逆にすると、皮が縮んでしまいます。

トマトと青じそのピリ辛サラダ ……… 4分

材料（1人分）
トマト ……… 1個（100g）
青じそ ……… 4枚
A ┌ オリーブ油 ……… 小さじ2
　├ おろしにんにく ……… 小さじ½
　└ 一味唐辛子 ……… 少々
こしょう ……… 少々

作り方　〈下ごしらえ3分　レンジ1分〉
❶ 耐熱ボウルにAを入れて混ぜ、ふんわりラップをして、電子レンジで1分加熱する。
❷ 取り出し、青じそを手で1cm角にちぎって加え、さっと混ぜる。
❸ トマトは6等分のくし形に切り、それぞれを横半分に切る。❷に加えて混ぜ、器に盛って、こしょうをふる。

\ POINT /
にんにくとオリーブ油を電子レンジで温めることで、にんにくはもちろん、青じその香りも立ちます。

青椒肉絲定食

主菜レンジ中に下ごしらえすれば2品12分で完成

調理時間 **16**分

夏

青椒肉絲(チンジャオロース)は、調味料を混ぜた牛肉とパプリカをレンチンするだけ。
超簡単＆時短＆スタミナ満点です。酢っぱ辛いスープの酸辣湯(サンラータン)はトマト入り。
どちらも暑い日に大助かりなおかずです。

青椒肉絲 ……… 8分

材料（1人分）
牛もも薄切り肉 …… 100g
黄パプリカ …… 1個（150g）
A ┌ オイスターソース …… 大さじ1
　├ 砂糖、ごま油、片栗粉 …… 各小さじ1
　├ 水 …… 小さじ2
　├ おろしにんにく …… 小さじ½
　└ 赤唐辛子（半分にちぎり、種を除く）…… 1本

作り方 〈下ごしらえ3分　レンジ5分〉
❶　パプリカはへたと種を除き、縦1.5cm幅に切る。
❷　牛肉は5cm長さに切ってから、向きを変え、繊維に沿って1cm幅に切る。
❸　耐熱ボウルにAを入れて混ぜ、❷を加えてからめ、❶をのせる。==ふんわりラップ==をし、電子レンジで==5分==加熱して、ひと混ぜする。

\ POINT /
緑色のピーマンで作ることもできますが、黄パプリカを使うと見た目も新鮮ですよ。

酸辣湯 ……… 8分

材料（1人分）
トマト …… 1個（100g）
A ┌ 水 …… 120mℓ
　├ しょうゆ、酢 …… 各小さじ1
　└ 鶏がらスープの素 …… 小さじ¼
水溶き片栗粉
　┌ 片栗粉 …… 小さじ1
　└ 水 …… 小さじ2
卵 …… 1個
粗びき黒こしょう …… 少々

作り方 〈下ごしらえ4分　レンジ4分〉
❶　トマトは6等分のくし形切りにする。
❷　耐熱ボウルに❶を入れ、Aを加えて混ぜる。==端あけラップ==をし、電子レンジで==3分==加熱する。取り出し、熱いうちに混ぜ合わせた水溶き片栗粉を加え、とろみをつける。
❸　卵を溶いて❷に加えて混ぜ、==ラップなし==で、電子レンジで==1分==加熱する。器に盛り、黒こしょうをふる。

\ POINT /
水溶き片栗粉は、レンジから取り出してすぐに加えます。冷めてからではとろみがつきません。

チキンのバスク風定食

主菜レンジ中に下ごしらえすれば2品**9分**で完成

調理時間 **12**分

夏

美食の地として有名なスペインのバスク地方からヒントを得て、
鶏肉をピリッと辛くトマト煮にして、きのこのバターライスを添えました。
こんな本格的な料理も、電子レンジなら10分台で作れます。

チキンのバスク風 — 7分

材料（1人分）
鶏もも肉 …… 150g
　塩、こしょう …… 各少々
　小麦粉 …… 小さじ1
トマト …… 1個（100g）
しし唐 …… 4本
A ┌ オリーブ油 …… 大さじ2
　├ おろしにんにく …… 小さじ1/2
　└ 赤唐辛子（種を除く）…… 1/2本
B ┌ しょうゆ …… 小さじ1
　└ 砂糖、トマトケチャップ …… 各大さじ1

作り方 〈下ごしらえ2分　レンジ5分〉
❶ トマトはへたを切り落とし、6等分のくし形切りにする。しし唐は破裂防止のために、包丁の先で1ヵ所刺す。
❷ 鶏肉は塩、こしょうをふり、小麦粉をまぶす。
❸ 耐熱ボウルにAを入れ、❷を加えてからめる。ふんわりラップをし、電子レンジで3分加熱する。
❹ 取り出し、Bと❶を加えて混ぜる。再びふんわりラップをし、電子レンジで2分加熱する。

\ POINT /

1度目の加熱で鶏肉に油と香りをなじませ、2度目の加熱で調味。
フライパンと同じやり方ですが、電子レンジなら約半分の時間で作れます。

しめじのバターライス — 5分

材料（1人分）
ご飯 …… 150g
しめじ …… 1パック（100g）
塩、こしょう …… 各少々
バター …… 大さじ1

作り方 〈下ごしらえ3分　レンジ2分〉
❶ しめじは石づきを除き、1.5cm長さに切る。
❷ 耐熱ボウルに❶、ご飯を入れ、塩、こしょうをふって、バターをのせる。ふんわりラップをして、電子レンジで2分加熱し、取り出して混ぜる。

\ POINT /

普通はしめじを炒め、ご飯を加えて炒めてと2段階ありますが、電子レンジなら一度に作れます。

麻婆豆腐定食

調理時間 **13**分

主菜レンジ中に下ごしらえすれば2品**10分**で完成

夏

節約食材の豆腐ともやしが大活躍！
しかもレンジ麻婆(マーボー)なら、油が少なめでいいから低カロリー！
レンジゆでもやしは湯を沸かす必要がないから楽！ うれしいことずくめの食事です。

麻婆豆腐 ……… 8分

材料（1人分）
- 絹ごし豆腐 ……… 200g
- 豚ひき肉 ……… 50g
- A
  - 長ねぎ（みじん切り）……… 5cm
  - おろししょうが、おろしにんにく ……… 各小さじ½
  - しょうゆ、砂糖 ……… 各大さじ2
  - ごま油 ……… 小さじ1
  - 豆板醬(トウバンジャン) ……… 小さじ½
  - 片栗粉 ……… 小さじ2
  - 熱湯 ……… 100mℓ
- 万能ねぎ（小口切り）……… 少々

作り方 〈下ごしらえ3分　レンジ5分〉
❶ 豆腐は1.5cm角に切る。
❷ 耐熱ボウルにAを入れ、とろみがつくまで混ぜる。ひき肉を加えて混ぜ、パラパラにほぐれたら❶を加える。
❸ 端あけラップをし、電子レンジで5分加熱する。取り出し、万能ねぎを加えて混ぜ、器に盛る。

\ POINT /

豚ひき肉は加熱すると固まってしまうので、加熱前によくほぐします。
耐熱性の器で作ると、そのまま食卓に出せますよ。

もやしのごまマヨあえ ……… 5分

材料（1人分）
- もやし ……… 小1袋（200g）
- A
  - すり白ごま、マヨネーズ ……… 各大さじ1
  - しょうゆ、ごま油 ……… 各小さじ1
  - 一味唐辛子 ……… 少々

作り方 〈下ごしらえ3分　レンジ2分〉
❶ ボウルにもやしとたっぷりの水を入れて、手でぐるぐる回しながら洗い、両手ですくってざるに上げる。これを3回ほどくり返し、ひげ根と豆殻、もやし臭さを取る。
❷ 耐熱ボウルに❶を入れ、ふんわりラップをして、電子レンジで2分加熱し、ざるに上げて水けをきる。
❸ ❷のボウルにAを混ぜ合わせ、もやしを加えてあえる。

\ POINT /

もやしはよく洗って、ひげ根や豆殻を取り除きます。
ひと手間かかりますが、やってみてください。驚くほど味が違います。

えびマヨ定食

調理時間 **11**分

主菜レンジ中に下ごしらえすれば2品**9**分で完成

夏

えびマヨは揚げずに作るヘルシータイプ。
えびの臭みを抜きながら加熱する、というレンジワザに注目です。
あえ物はレンジあん仕立てにし、きゅうりに味をからみやすくします。

えびマヨ 6分

材料（1人分）
えび（殻つき・無頭）……10尾（150g）
A ┬ 長ねぎ（みじん切り）……5cm
　├ マヨネーズ……大さじ2
　├ 砂糖……小さじ1
　├ にんにく（みじん切り）……1かけ
　└ ごま油……大さじ1
パセリ（みじん切り）……少々

作り方 〈下ごしらえ4分 レンジ2分〉
❶ えびは殻をむき、背に切り込みを入れて背わたを取る。耐熱ボウルに入れて、水100mlを加え、端あけラップをして電子レンジで1分加熱。ざるに上げ、水けをきる。
❷ 耐熱ボウルにAを入れ、❶を加える。ふんわりラップをし、電子レンジで1分加熱して混ぜる。
❸ 器に盛り、パセリをふる。

\ POINT /
えびは先に水とともに加熱することによって、プリッとするだけでなく、臭みも取れます。

たたききゅうりのかにあんかけ 5分

材料（1人分）
きゅうり……1本
かに風味かまぼこ……1本
A ┬ 水……大さじ2
　├ 鶏がらスープの素……小さじ¼
　└ しょうゆ、片栗粉……各小さじ½
いり白ごま……少々

作り方 〈下ごしらえ4分 レンジ1分〉
❶ きゅうりは両端を切り落とし、ピーラーで縞状に皮をむく。めん棒などでたたき割り、4cm長さに切る。
❷ かに風味かまぼこはほぐして耐熱ボウルに入れ、Aを加えて混ぜる。ふんわりラップをし、電子レンジで1分加熱する。
❸ 器に❶を盛り、❷をかけて、白ごまをふる。

\ POINT /
片栗粉を加えた調味液をレンジ加熱することで、簡単にとろみをつけることができます。

あじに梅の味をジュワ〜っとしみ込ませるテク、
青菜をゆでるコツは、
知って得するレンジのワザの2つです。

あじの梅煮定食

調理時間 **12**分

主菜レンジ中に下ごしらえすれば2品9分で完成

あじの梅煮 ── 7分

材料（1人分）
- あじ ……… 1尾（正味100g）
- なす ……… 1本（70g）
- A ┌ しょうゆ、砂糖、酢 ……… 各大さじ1
- 梅干し ……… 1個
- しょうが（皮つき薄切り）……… 3枚

作り方　〈下ごしらえ3分　レンジ4分〉

❶ あじはぜいご、頭、内臓を除き（ここまではお店に頼んでもよい）、水洗いしてペーパータオルで水けを取り、4等分の筒切りにする。それぞれの皮に、斜めに切り込みを入れる（はじけ防止のため）。

❷ なすはへたを切り落とし、長さを4等分に切る。

❸ 耐熱ボウルにAを入れて混ぜる。❶と❷を加え、スプーンで汁をかけて、梅干しとしょうがをのせる。クッキングシートをかぶせて小皿をのせ、ふんわりラップをし、電子レンジで4分加熱する。

❹ 器にあじ、なすを盛り、梅干し、しょうがを添えて、煮汁をかける。

5分 ── ほうれんそうのおひたし

材料（1人分）
- ほうれんそう ……… ½束（100g）
- A ┌ 砂糖 ……… 小さじ½
  └ しょうゆ ……… 小さじ1
- 削り節 ……… 3本の指で1つまみ

作り方　〈下ごしらえ3分　レンジ2分〉

❶ ほうれんそうは長さを半分に切り、耐熱ボウルに入れる。ふんわりラップをし、電子レンジで2分加熱する。取り出し、流水を注いで冷ます。

❷ ほうれんそうの水けを絞り、3cm長さに切る。ボウルに入れ、Aと削り節を加えてあえる。

かたいゲソはレンジにおまかせ！
びっくりのやわらかさです。
じゃがいものほくほくレンジ蒸しも必見です。

夏

いかゲソの煮つけ定食

調理時間 **11**分

主菜レンジ中に下ごしらえすれば2品9分で完成

いかゲソの煮つけ　5分

6分　ポテトサラダ

材料（1人分）
いかゲソ……100g
A ┌ しょうゆ……大さじ1
　└ 砂糖……小さじ1
水溶き片栗粉
　┌ 片栗粉……小さじ½
　└ 水……小さじ1

作り方 〈下ごしらえ3分　レンジ2分〉
❶ いかゲソは2〜3本ずつに切り離す。長いものは半分に切る。
❷ 耐熱ボウルに❶を入れ、Aを加えて混ぜる。ふんわりラップをし、電子レンジで2分加熱する。
❸ 取り出し、熱いうちに混ぜ合わせた水溶き片栗粉を加えて混ぜ、とろみをつける。

材料（1人分）
じゃがいも……1個（150g）
玉ねぎ（薄切り）……⅛個（25g）
にんじん（皮をむいてせん切り）……2cm（20g）
ハム（3cm長さのせん切り）……1枚
塩……小さじ⅕
A ┌ 砂糖……小さじ1
　└ 酢……小さじ2
マヨネーズ……大さじ3
パセリ（みじん切り）……少々

作り方 〈下ごしらえ3分　レンジ3分〉
❶ じゃがいもは皮をむいて2cm角に切る。耐熱ボウルに入れ、水大さじ1を加え、ふんわりラップをして、電子レンジで3分加熱する。水けをきってつぶす。
❷ 玉ねぎ、にんじんをボウルに入れる。塩でしんなりするまでもんで水けを絞り、Aをかけてほぐす。
❸ ❶に❷とハム、マヨネーズを加えて混ぜ、器に盛って、パセリをふる。

旬をいただきましょう！

水分をたっぷりと含む春・夏の野菜は、電子レンジ調理向きです。というのも、電子レンジなら食材に含まれる水分を利用して、素材の持ち味を丸ごと残した調理ができるから。魚も同様。上品な身質のたいも、軽やかな味わいのあじも、風味よく仕上がります。

春・夏編

春の食材 ＼ Pick up ! ／

たい
魚の王者といわれ、祝いの席に欠かせません。養殖物も多く出回り、求めやすくなりました。味がよく、高たんぱくで低脂肪。刺身、塩焼きなど和風ばかりでなく、洋風に調理しても美味です。
たいのアクアパッツァ　➡P16

さわら
魚偏に春と書くように、春を告げる魚です。味は白身魚のように淡泊ですが、他の青背魚と同様に不飽和脂肪酸が豊富。身がやわらかく、多くはみそ漬けなど焼き物に。洋風料理にも向きます。
さわらのブイヤベース　➡P12

グリーンアスパラガス
一般化したのは昭和40年代で、それ以前はホワイトアスパラガス（軟白栽培）の缶詰が主流。疲労回復効果があるアスパラギン酸を含みます。ゆでる、炒めるほか、グリル焼きもおすすめ。
アスパラガスのヨーグルトソースかけ　➡P10

そら豆
その名は、さやが空に向かって直立するように実ることから。かつては初夏だけに出回りましたが、最近はハウス栽培の発達で春の出荷が中心です。野菜の栄養のほか、たんぱく質や糖質など豆の栄養もとれます。
そら豆の豆乳湯　➡P11

夏の食材 ＼ Pick up ! ／

いか
生きているときは体が透明、水揚げすると茶褐色、時間が経つと乳白色に変化します。高たんぱくで低脂肪、コレステロールを下げるタウリンが豊富です。胴は刺身、ゲソは煮つけなど、分けて味わうのもおすすめ。
いかゲソの煮つけ　➡P35

あじ
味がよいからこの名がついたともいわれます。青背魚の中ではクセがなく、レシピも豊富。酸味との相性がよい魚です。青背魚の中ではカロリーが低めで、生活習慣病を防ぐ不飽和脂肪酸を多く含みます。
あじの梅煮　➡P34

なす
大きく長なす、卵形なす、丸なすに分かれます。ガクにあるとげが触ると痛いものが新鮮。約90％が水分で栄養価はあまり高くありませんが、紺色の皮には、抗酸化作用がある色素ナスニンが含まれています。
あじの梅煮　➡P34

トマト
β-カロテン、ビタミンC・B群など栄養が豊富です。一方、うまみ成分のグルタミン酸も豊富。トマトを加えると味がよくなるのはそのためです。
トマトと青じそのピリ辛サラダ　➡P24
酸辣湯　➡P26
チキンのバスク風　➡P28

食材を使いまわしましょう！

1人分の食事を作るときの悩みは、買った食材が半端に余ってしまうことですよね。ここでは持て余しぎみになるレタスや白菜、夏はすぐに熟してしまうトマトの使いまわしについて紹介します。

春・夏編

蒸し鶏の生春巻き

ベトナム風春雨スープ

サニーレタス、万能ねぎ、赤ピーマン 〈春〉

使いまわしというと、数日後に使うと考えがちですが、同じ食材をメインとサブで使い分けることもできます。そのコツは、調理法を変えること。メインを生食にしたら、サブは加熱すれば、飽きずに食べられます。

酸辣白菜

白菜と水菜の中華サラダ

白菜 〈春〉

白菜の旬は秋〜冬ですが、春白菜のやわらかさや甘さもまた捨てがたいものです。おすすめは、レンジでさっと加熱したマリネ風のあえ物やサラダ。一度に食べきれなくても日もちがするので、作りおきしておけます。

トマトと青じそのピリ辛サラダ

酸辣湯

チキンのバスク風

トマト 〈夏〉

使い勝手のよいトマトは、サラダはもちろん、熟しすぎてしまったら、スープやソースに味だしとして加えても。

秋の定食

豚肉のザワークラウト煮定食

調理時間 **15**分

主菜レンジ中に下ごしらえすれば2品**11分**で完成

秋

豚肉とキャベツに酢を加えてレンジ蒸し。
炒めるよりさっぱり、煮るより歯ごたえよくできるのが、レンジの強みです。
グラッセとペペロンチーノも、レンジなら油分少なめ、素材の味がイキイキします。

豚肉のザワークラウト煮 ······ 7分

材料（1人分）
豚ばら薄切り肉 ······ 100g
キャベツ ······ 2枚（100g）
A ┌ 鶏がらスープの素 ······ 小さじ½
　├ こしょう ······ 少々
　└ 酢 ······ 大さじ2
粗びき黒こしょう ······ 少々

作り方 〈下ごしらえ3分　レンジ4分〉

❶ 豚肉は3cm長さに切る。キャベツは4〜5cm角のざく切りにする。

❷ 耐熱ボウルにキャベツの半量を入れ、豚肉の半量をのせる。Aをふりかけ、残りのキャベツと豚肉をのせる。ふんわりラップをし、電子レンジで4分加熱する。

❸ 取り出し、全体を混ぜる。器に盛り、黒こしょうをふる。

\ POINT /

豚肉のうまみと調味料が全体に行きわたるように、豚肉とキャベツは重ね煮にし、
間に調味料をふり入れてレンジ加熱します。

にんじんのグラッセ＆ブロッコリーのペペロンチーノ ······ 8分

材料（1人分）
にんじんのグラッセ
　にんじん ······ ½本（75g）
　A ┌ バター、砂糖 ······ 各小さじ1
　　└ 塩 ······ 少々
ブロッコリーのペペロンチーノ
　ブロッコリー ······ 100g
　B ┌ にんにく（みじん切り） ······ ½かけ
　　├ 赤唐辛子（種を取る） ······ ½本
　　├ オリーブ油 ······ 大さじ1
　　└ 塩、こしょう ······ 各少々

作り方 〈下ごしらえ4分　レンジ4分〉

❶ にんじんのグラッセを作る。にんじんは皮をむき、7mm厚さの輪切りにし、耐熱ボウルに入れる。水大さじ1を加え、ふんわりラップをして電子レンジで1分加熱する。

❷ ❶の湯を捨て、Aを加えて全体にからめ、再びふんわりラップをし、電子レンジで1分加熱する。

❸ ブロッコリーのペペロンチーノを作る。ブロッコリーは小房に分ける。耐熱ボウルにBを入れ、ブロッコリーを加える。ふんわりラップをし、電子レンジで2分加熱する。取り出し、全体を混ぜる。

\ POINT /

にんじんはかたいので、初めにレンジゆでしてから調味料を加えて加熱をします。

きのこのカレー定食

調理時間 **12**分

主菜レンジ中に下ごしらえすれば2品**8分**で完成

秋

具材、ルウ、水を一緒にチンするだけの速攻カレー。
油で炒めないから、カレーの香りがシャープです。
サラダのさわやかさにレンジ加熱のにんにくでパンチをつけるのは、
村上おすすめのやり方です。

きのこのカレー　7分

材料（1人分）
- しめじ …… 1パック（100g）
- ウインナーソーセージ …… 3本
- カレールウ …… 20g
- 温かいご飯 …… 適量

作り方 〈下ごしらえ3分　レンジ4分〉
❶　しめじは石づきを除き、ほぐす。ソーセージは斜め3等分に切る。
❷　耐熱ボウルに❶と水150mlを入れ、カレールウを割って加える。==端あけラップ==をし、電子レンジで==4分==加熱する。
❸　取り出して混ぜ、器に盛ったご飯にかける。

POINT
水を加えるだけでなく、きのこからも水分が出るので、端あけラップをして、水分をとばしながら加熱します。

サーモンとグレープフルーツのサラダ　5分

材料（1人分）
- スモークサーモン（薄切り） …… 2枚（30g）
- グレープフルーツ …… 4房
- 貝割れ菜 …… 1パック
- A ┌ ごま油 …… 小さじ1
　　└ おろしにんにく …… 小さじ½
- しょうゆ …… 小さじ½

作り方 〈下ごしらえ4分　レンジ1分〉
❶　スモークサーモンは一口大に切る。グレープフルーツは薄皮を除き、長さを半分に切る。貝割れ菜は根元を切り落とし、4等分に切る。
❷　耐熱ボウルにAを入れ、==ふんわりラップ==をして、電子レンジで==1分==加熱する。
❸　取り出し、しょうゆを加えて混ぜ、❶を加えてあえる。

POINT
サラダにアクセントをつけたいとき、便利なのがにんにくです。
そのままよりも、油に加えて、さっとレンジ加熱するほうが香りが立ちます。

回鍋肉定食

主菜レンジ中に下ごしらえすれば2品10分で完成

調理時間 **13分**

回鍋肉(ホイコーロー)は材料をぜ～んぶ合わせてレンチンするだけ！
同じく材料全部をレンチンして具を作り、ご飯と混ぜて温めれば、
失敗知らずの卵チャーハンだってできちゃいます。

回鍋肉 — 7分

材料（1人分）
- 豚ばら薄切り肉 …… 100g
- キャベツ …… 2枚（100g）
- A ┬ みそ、砂糖 …… 各大さじ2
  ├ おろしにんにく …… 小さじ½
  ├ 豆板醤(トウバンジャン) …… 小さじ¼
  └ ごま油 …… 大さじ1

作り方 〈下ごしらえ3分 レンジ4分〉
❶ 豚肉は3cm長さに切る。キャベツは4～5cm角のざく切りにする。
❷ 耐熱ボウルにAを入れて混ぜ、豚肉を加えてからめ、キャベツをのせる。
❸ クッキングシートをかぶせて小皿をのせ、ふんわりラップをし、電子レンジで4分加熱。取り出し、全体を混ぜる。

\ POINT /
水を加えず、キャベツの水分だけで加熱するので、調味料がキャベツ全体に行きわたるように小皿で重石をします。

卵チャーハン — 6分

材料（1人分）
- 卵 …… 2個
- A ┬ 長ねぎ（みじん切り）…… 10cm
  ├ 味つきザーサイ（粗みじん切り）…… 50g
  └ サラダ油 …… 大さじ1
- ご飯 …… 150g
- こしょう …… 適量

作り方 〈下ごしらえ3分30秒 レンジ2分30秒〉
❶ 耐熱ボウルに卵を割り入れてほぐし、Aを加えて混ぜる。ふんわりラップをし、電子レンジで1分加熱する。
❷ 取り出し、ご飯を加えて混ぜる。再びふんわりラップをし、電子レンジで1分30秒加熱する。取り出し、こしょうをふって混ぜる。

\ POINT /
加熱後の卵は完全に固まらない、半熟状態が理想。そうすると、ご飯粒とバランスよく混ざります。

温たまグラタン定食

主菜レンジ中に下ごしらえすれば2品11分で完成

調理時間 15分

秋

ホワイトソースがレンジで作れます！
しかもレンジまかせだから、焦げたりダマになったりしません。
卵をくずすとコクうま！ 一発チンで作れるカレーマリネとの相性も抜群です。

温たまグラタン — 9分

材料（1人分）
卵 …… 1個
ホワイトソース
　┌ 小麦粉、バター …… 各大さじ2
　│ 牛乳 …… 200mℓ
　│ 砂糖 …… 小さじ1
　└ 塩、こしょう …… 各少々
粉チーズ …… 小さじ2
パセリ（みじん切り）…… 少々

作り方 〈下ごしらえ4分　レンジ5分〉
❶ ホワイトソースを作る。耐熱ボウルに小麦粉とバターを入れ、ラップなしで電子レンジで1分加熱してバターを溶かす。取り出して泡立て器でよく混ぜ、牛乳を加えてなめらかになるまで混ぜ、砂糖、塩、こしょうを加えて混ぜる。再びラップなしで、電子レンジで3分加熱する。取り出して混ぜる。
❷ グラタン皿にバター（分量外）を薄く塗り、❶の半量を流し入れる。卵を割り入れ、卵黄の膜にナイフで切り込みを入れる。残りの❶を流し入れ、粉チーズとパセリを散らす。
❸ ふんわりラップをし、電子レンジで1分加熱する。

\ POINT /
卵の破裂を防ぐため、卵黄の膜に切り込みを入れておきます。

カリフラワーのカレーマリネ — 6分

材料（1人分）
カリフラワー …… 100g
A ┌ 酢 …… 大さじ1
　│ しょうゆ、カレー粉、ラー油 …… 各小さじ1
　│ 和風だしの素 …… 小さじ¼
　└ オリーブ油 …… 大さじ1
パセリ（みじん切り）、こしょう …… 各少々

作り方 〈下ごしらえ4分　レンジ2分〉
❶ カリフラワーは小房に分ける。
❷ 耐熱ボウルにAを入れて混ぜ、❶を加えてからめる。ふんわりラップをし、電子レンジで2分加熱する。
❸ 取り出し、パセリとこしょうをふって混ぜる。

\ POINT /
普通はカリフラワーをゆで、熱いうちにマリネ液に漬けますが、レンジなら、この作業を同時にできます。

さばがふっくら！ レシピは
「同量の調味料でレンジ加熱2分」と、
実に単純明快です。続けて汁物もレンジで。

さばのみそ煮定食

調理時間 **12分**

主菜レンジ中に下ごしらえすれば2品10分で完成

さばのみそ煮 — 5分

材料（1人分）
- さば……… 1切れ（100g）
- しょうが（皮つき薄切り）……… 2〜3枚
- しし唐……… 4本
- A［ みそ、砂糖、酒、水……… 各大さじ1

作り方 〈下ごしらえ3分 レンジ2分〉
❶ さばは中骨があれば取り、2等分に切る。皮に斜めの切り込みを入れる。しし唐は包丁の先で1ヵ所刺し、破裂を防止する。
❷ 耐熱皿にAを入れて混ぜ、さばの皮を上にして入れる。スプーンで調味料をすくってかけ、しょうがを散らして、しし唐をのせる。
❸ ふんわりラップをし、電子レンジで2分加熱する。

7分 — かぼちゃと油揚げの汁物

材料（1人分）
- かぼちゃ……… 50g
- 油揚げ*……… 1/2枚（14g）
- A［ 水……… 150ml
-    和風だしの素……… 小さじ1/4
-    しょうゆ……… 小さじ2

*正方形の「すし揚げ」なら1枚。

作り方 〈下ごしらえ3分 レンジ4分〉
❶ かぼちゃは種とわたを除き、1cm厚さのいちょう切りにする。油揚げは縦横4等分に切る。
❷ 耐熱ボウルにAを入れて混ぜ、❶を加える。端あけラップをし、電子レンジで4分加熱する。

トマトソース＋ひき肉＝ミートソースは、
レンジならたった4分で完成。
ホクホクのレンジポテトを添え、ボリュームアップを。

秋

ロールキャベツ＆ミートソース定食

調理時間 **18**分

主菜レンジ中に下ごしらえすれば2品15分で完成

ロールキャベツ＆ミートソース — 11分

材料（1人分）
- キャベツ ……… 4枚（200g）
- 合いびき肉 ……… 100g
- トマトソース（市販）……… 100g
- パセリ（みじん切り）……… 少々

作り方　〈下ごしらえ3分　レンジ8分〉
❶ キャベツは耐熱ボウルに入れ、**ふんわりラップ**をして、電子レンジで**4分**加熱する。取り出し、水にとって冷まし、水けをきる。
❷ ❶を縦横4等分に切って、手前、左、右の順に折り、くるりと巻いて俵形にする。
❸ 耐熱ボウルにひき肉とトマトソースを入れて混ぜ、**ふんわりラップ**をして、電子レンジで**4分**加熱する。
❹ 器に❷を盛り、❸をかけて、パセリをふる。

7分 — チーズポテト

材料（1人分）
- じゃがいも ……… 1個（150g）
- 粉チーズ ……… 小さじ2
- こしょう ……… 少々

作り方　〈下ごしらえ3分　レンジ4分〉
❶ じゃがいもは皮をむいて3等分に切り、耐熱ボウルに入れる。**ふんわりラップ**をし、電子レンジで**3分**加熱する。
❷ 竹串がスーッと通るようになったら取り出し、粉チーズとこしょうをふり、**ラップなし**で、電子レンジで**1分**加熱する。

かきのおろし鍋定食

主菜レンジ中に下ごしらえすれば2品**16分**で完成

調理時間 **18**分

秋

水の加熱が得意な電子レンジの特性を生かして、きょうはしみじみひとり鍋。
土鍋はスーパーや100円ショップで手に入る普通のもので大丈夫。
たこのうまみをレンジでギュッと引き出した煮物を添えます。

かきのおろし鍋 —— 14分

材料（1人分）
かき ……… 100g
絹ごし豆腐 ……… 100g
大根 ……… 200g
A［ みそ、砂糖、酒 ……… 各大さじ1

作り方 〈下ごしらえ4分 レンジ10分〉
❶ かきはざるに入れ、塩水（塩は分量外）に浸してからすすぎ、水けをきる。豆腐は半分に切る。
❷ 大根は皮をむいてすりおろし、汁ごと土鍋または耐熱ボウルに入れる。水150mlと❶を加え、ふんわりラップをして、電子レンジで10分加熱する。
❸ 小鉢にAを合わせて❷の煮汁適量で溶き、かきや豆腐をつけて食べる。最後は、ご飯に煮汁をかけるとおいしい。

\ POINT /
おろし大根は汁ごと加えたほうが味がよく、栄養もむだなくとれます。
土鍋がなければ、耐熱ボウルや大きめのどんぶりなどを使ってください。

カリフラワーとたこのさっと煮 —— 4分

材料（1人分）
カリフラワー ……… 100g
ゆでだこ ……… 50g
A┌ 水 ……… 大さじ2
　├ 和風だしの素 ……… 小さじ¼
　└ しょうゆ、みりん ……… 各小さじ2
万能ねぎ（小口切り）……… 少々

作り方 〈下ごしらえ2分 レンジ2分〉
❶ カリフラワーは小房に分ける。たこは1cm幅の斜め切りにする。
❷ 耐熱ボウルにAを入れ、❶を加えて、ふんわりラップをし、電子レンジで2分加熱して混ぜる。
❸ 器に盛り、万能ねぎをふる。

\ POINT /
たこはすでにゆでてあるから、短時間加熱でOK。長く加熱すると、かたくなってしまいます。

ぶりをチン、煮汁で大根をチン！
これでぶりはしっとり、大根はしみしみ。
白あえの豆腐の水きりもレンジでOK。

ぶり大根定食

調理時間 **15分**

主菜レンジ中に下ごしらえすれば2品13分で完成

ぶり大根 — 10分

材料（1人分）
ぶり（切り身）……… 50g
大根 ……… ⅙本（200g）
しょうが（皮つき薄切り）……… 2〜3枚
A しょうゆ、砂糖、酒 ……… 各大さじ2

作り方　〈下ごしらえ3分　レンジ7分〉

❶ ぶりは3等分に切る。大根は皮をむいて乱切りにする。
❷ 耐熱ボウルにAを入れて混ぜ、ぶりとしょうがを加えて、スプーンで調味料をかける。ふんわりラップをし、電子レンジで1分加熱して、ぶりを取り出す。
❸ ❷のボウルに大根を加え、クッキングシートをかぶせて小皿をのせ、ふんわりラップをし、電子レンジで6分加熱する。
❹ 器にぶりと大根を盛り合わせ、煮汁をかける。

5分 — ほうれんそうの白あえ

材料（1人分）
ほうれんそう ……… 100g
絹ごし豆腐 ……… 50g
A ┬ すり白ごま ……… 大さじ1
　├ ごま油、砂糖、みそ ……… 各小さじ1
　├ コーヒー用クリーム（液状）……… 1個（5mℓ）
　├ 塩 ……… 少々
　└ いり白ごま ……… 少々

作り方　〈下ごしらえ2分　レンジ3分〉

❶ ほうれんそうは長さを2等分し、耐熱ボウルに入れる。ふんわりラップをし、電子レンジで2分加熱。水にとって冷まし、水けを絞って、3cm長さに切る。
❷ 豆腐はペーパータオルに包み、耐熱皿にのせる。ラップなしで、電子レンジで1分加熱する。
❸ 取り出して粗熱が取れたらボウルに入れてつぶし、Aを加えて混ぜる。❶を加えてあえる。

レンジハンバーグは焦げ目こそつきませんが、誰が作ってもふっくらでき上がります。スープもすべてレンジにおまかせでOK！

やわらかハンバーグ定食

調理時間 **15分**

主菜レンジ中に下ごしらえすれば2品11分で完成

やわらかハンバーグ　7分

材料（1人分）
- 合いびき肉 …… 100g
- 玉ねぎ（みじん切り）…… ¼個（50g）
- A ┌ 焼き肉のたれ（またはめんつゆ）、パン粉
　　│　　…… 各大さじ1
　　└ 片栗粉 …… 大さじ½
- ピーマン（細切り）…… 2個
- B ┌ サラダ油 …… 小さじ1
　　└ 塩、こしょう …… 各少々
- ウスターソース …… 適量

作り方　〈下ごしらえ2分　レンジ5分〉

❶ ボウルにひき肉、玉ねぎ、Aを入れて混ぜ、ハンバーグ形にまとめる。
❷ ピーマンはBを加えて混ぜる。
❸ 耐熱ボウルに❶と❷を入れ、ふんわりラップをし、電子レンジで5分加熱する。
❹ 器にハンバーグを盛ってウスターソースをかけ、ピーマンを添える。

コーンチャウダー　8分

材料（1人分）
- クリームコーン（缶詰）…… 70g
- ミニトマト …… 2個
- にんじん（皮をむく）…… 2cm
- A ┌ 片栗粉 …… 小さじ2
　　└ 鶏がらスープの素 …… 小さじ¼
- 牛乳 …… 100mℓ
- バター …… 大さじ1
- こしょう …… 少々

作り方　〈下ごしらえ4分　レンジ4分〉

❶ ミニトマト、にんじんはみじん切りにして耐熱ボウルに入れ、クリームコーン、Aを加えて混ぜる。
❷ 牛乳を注いで混ぜ、バターを加える。ラップなしで（吹きこぼれ防止のため）、電子レンジで2分加熱。取り出して混ぜ、再び2分加熱する。
❸ 器に盛り、こしょうをふる。

きんめだいの煮つけ定食

主菜レンジ中に下ごしらえすれば2品8分で完成

調理時間 **10**分

煮魚はさっと煮て、煮汁をつけながら食べるくらいが美味。
その絶妙な火の通り具合を可能にするのが電子レンジです。
しじみのみそ汁もレンジで。縮まないので、身もおいしくいただけます。

きんめだいの煮つけ ······ 5分

材料（1人分）
きんめだい ······ 1切れ（100g）
A［ しょうゆ、砂糖、酒 ······ 各大さじ1
長ねぎ ······ 5cm

作り方 〈下ごしらえ3分　レンジ2分〉
❶ 長ねぎは縦に切り込みを入れて芯を除き、せん切りにして水にさらす。
❷ 耐熱ボウルにAを入れて混ぜ、砂糖を溶かす。
❸ きんめだいは皮に血合いに沿って切り込みを入れる。❷の耐熱ボウルに皮目を上にして入れ、スプーンで調味料をかける。==ふんわりラップ==をし、電子レンジで==2分==加熱する。
❹ 器に盛り、煮汁をかけて、水けをきったねぎをのせる。

\ POINT /

きんめだいは皮が破れないように切り込みを入れます。
魚の身がやわらかいので、盛りつけたときに表になるほう(皮目)を上にして取り出しやすくします。

しじみのみそ汁 ······ 5分

材料（1人分）
しじみ（砂出ししたもの）······ 100g
みそ ······ 小さじ2

作り方 〈下ごしらえ2分　レンジ3分〉
耐熱ボウルに水150㎖を注ぎ、みそを溶く。しじみを加え、==ふんわりラップ==をして、電子レンジで==3分==加熱する。しじみの殻が開いたらでき上がり。

\ POINT /

しじみはたっぷりの真水に1時間ほどつけて砂出しします。
使う前に殻をこすり合わせながらよく洗うと、雑味が取れます。

あさりのチゲ定食

主菜レンジ中に下ごしらえすれば2品14分で完成

調理時間  18分

ぷっくりあさりとシャッキリキムチ、2つの素材のうまみが、レンジの中で相乗効果を発揮。
塩さえ必要ありません。おひたしのにらにも注目。
成分を逃さずに加熱できるレンジだから、甘みが違います。

あさりのチゲ ── 12分

材料（1人分）
あさり（砂出ししたもの）……… 200g
白菜キムチ（切ってあるもの）……… 50g
絹ごし豆腐 ……… 100g
長ねぎ ……… 1本（100g）

作り方 〈下ごしらえ4分 レンジ8分〉
❶ あさりは殻をこすり合わせるようにして洗い、水けをきる。豆腐は4等分に切る。長ねぎは1cm幅の斜め切りにする。
❷ 耐熱ボウルに❶を入れ、水150mlを注いで、キムチをのせる。端あけラップをし、電子レンジで8分加熱して、あさりの殻を開かせる。
❸ 器に盛り、汁ごと取り分ける。

\ POINT /

キムチは最後にのせるほうが、うまみが全体にまんべんなく行きわたります。

にらとねぎのおひたし ── 6分

材料（1人分）
にら ……… 1束（100g）
長ねぎ ……… 10cm
A［ごま油、しょうゆ、酒 ……… 各小さじ1
いり白ごま、こしょう ……… 各少々

作り方 〈下ごしらえ4分 レンジ2分〉
❶ にらは3cm長さに切る。長ねぎは粗みじん切りにする。
❷ 耐熱ボウルににらを入れ、Aを加えて混ぜる。ふんわりラップをし、電子レンジで2分加熱する。
❸ 取り出し、ねぎを加えて混ぜ、器に盛って、白ごまとこしょうをふる。

\ POINT /

電子レンジ加熱は色鮮やかに仕上がるので、にらを水にとって色止めする必要はなく、
調味料を加えて直接レンジにかけます。

スパイシーチキンスペアリブ定食

調理時間 **11**分

主菜レンジ中に下ごしらえすれば2品8分で完成

鶏スペアリブの焼きとり風です。たれの塩分にマイクロ波が集中するため、
肉の表面が焼いたようになります。口をさっぱりさせるのは、オレンジのサラダ。
ホットドレッシングもレンジなら手間なく作れます。

スパイシーチキンスペアリブ ……… 5分

材料（1人分）
- チキンスペアリブ ……… 150g
- A ┌ しょうゆ、砂糖 ……… 各小さじ2
　　├ おろしにんにく ……… 小さじ¼
　　├ 一味唐辛子 ……… 小さじ⅕
　　└ 片栗粉 ……… 小さじ1
- キャベツ ……… 1枚（50g）
- こしょう ……… 少々

作り方 〈下ごしらえ2分　レンジ3分〉
❶ ボウルにAを入れてなめらかになるまで混ぜ、チキンスペアリブを加えてからめる。
❷ 耐熱ボウルに❶を皮が下になるように入れ、ふんわりラップをして、電子レンジで3分加熱する。
❸ キャベツを一口大にちぎって器に盛り、❷を盛り合わせて、こしょうをふる。

\ POINT /

チキンスペアリブは鶏手羽中を半分に切ったもの。なければ、手羽中の骨と骨の間を切ってください。
加熱するときは、皮を下にしてはじけないように。

オレンジのサラダ ……… 6分

材料（1人分）
- オレンジ ……… 1個
- ミニトマト ……… 3個
- 玉ねぎ ……… ¼個（50g）
- にんじん ……… 2cm
- パセリ ……… 少々
- A ┌ 白ワイン酢（または酢）……… 小さじ2
　　├ 塩、こしょう ……… 各少々
　　└ オリーブ油 ……… 大さじ1

作り方 〈下ごしらえ5分　レンジ1分〉
❶ オレンジは皮をむいて小房に分け、薄皮を除く。ミニトマト、パセリはみじん切りにする。
❷ 玉ねぎ、にんじんはみじん切りにし、耐熱ボウルに入れて、Aを加えて混ぜ、ふんわりラップをし、電子レンジで1分加熱する。
❸ ❷に❶を加えてあえる。

\ POINT /

香味野菜の玉ねぎ、にんじんを、レンジで一度加熱することで甘みや風味を引き出します。

ミートボールのクリームシチュー定食

調理時間 **17**分

主菜レンジ中に下ごしらえすれば2品13分で完成

電子レンジの得意ワザは、ふわふわのミートボールだけではありません。
実はホワイトソースもなめらかに作れます。
ホットドレッシングはサラダの新しいアイテム。生野菜がおいしく食べられます。

ミートボールのクリームシチュー　12分

材料（1人分）
玉ねぎ …… ½個（100g）
にんじん …… ½本（75g）
A ┌ 鶏ひき肉 …… 100g
　├ 塩 …… 小さじ⅕
　├ こしょう …… 少々
　├ 片栗粉 …… 大さじ2
　└ パセリ（みじん切り）…… 小さじ1
バター、小麦粉 …… 各大さじ1
牛乳 …… 150mℓ
塩、こしょう …… 各少々

作り方　〈下ごしらえ4分　レンジ8分〉
❶ 玉ねぎは半分をみじん切り、残りはくし形切りにする。にんじんは皮をむいて大さじ1ほどをすりおろし、残りは1.5×3cmの拍子木切りにする。
❷ ボウルにA、みじん切りの玉ねぎ、すりおろしにんじんを入れて練り混ぜ、5等分してボール状に丸める。
❸ 耐熱ボウルにくし形切りの玉ねぎ、拍子木切りのにんじんを入れ、❷をのせる。ふんわりラップをし、電子レンジで5分加熱する。
❹ 別の耐熱ボウルにバターと小麦粉を入れ、ラップなしで、電子レンジで1分加熱して取り出す。泡立て器でよく混ぜ、さらに牛乳を加えてなめらかになるまで混ぜ、塩、こしょうを加えて混ぜる。
❺ ❸に❹を加え、ラップなしで、電子レンジで2分加熱する。

\ POINT /
ホワイトソースはバターと小麦粉を粉が見えなくなるまでよく混ぜて。吹きこぼれやすいので、ラップなしで加熱を。

キャベツとにんじんのホットサラダ　5分

材料（1人分）
キャベツ …… 2枚（100g）
にんじん …… 2cm
ベーコン …… 2枚
A ┌ おろしにんにく …… 小さじ¼
　├ 赤唐辛子（小口切り）…… 2～3切れ
　└ オリーブ油 …… 大さじ1
B ┌ 酢 …… 小さじ2
　├ 塩、こしょう …… 各少々
　└ パセリ（みじん切り）…… 少々

作り方　〈下ごしらえ4分　レンジ1分〉
❶ キャベツは4cm幅に切ってせん切りにする。にんじんは皮をむき、縦薄切りにしてせん切りにする。
❷ ベーコンは1cm幅の細切りにする。耐熱ボウルにベーコンとAを入れて混ぜ、ふんわりラップをして電子レンジで1分加熱する。
❸ ❶を加えて混ぜ、さらにBを加えて混ぜる。

\ POINT /
ベーコンはオリーブ油に加えて加熱し、うまみを溶かし出します。
油を野菜にからめた後で調味料を加えれば、野菜がベチャッとしません。

こんなに野菜を入れても
卵がパラパラにならないのは、レンジ加熱だから。
コンポートはレンジ2回使いでクイック仕上げ。

親子丼定食

調理時間 14分

主菜レンジ中に下ごしらえすれば2品11分で完成

親子丼　7分

材料（1人分）
- 鶏もも肉 …… 100g
- 玉ねぎ …… 1/4個（50g）
- 水菜 …… 1/4束（50g）
- 卵 …… 1個
- A ┌ しょうゆ、砂糖、酒 …… 各大さじ1
- 温かいご飯 …… 150g

作り方　〈下ごしらえ3分30秒　レンジ3分30秒〉

❶　鶏肉は一口大に切る。玉ねぎは1cm幅のくし形切り、水菜は3cm長さに切る。
❷　耐熱ボウルにAを合わせ、鶏肉、玉ねぎを加え、ふんわりラップをして、電子レンジで2分加熱する。
❸　取り出して、水菜をのせ、卵を溶いて回しかける。再びふんわりラップをし、電子レンジで1分30秒加熱する。
❹　器にご飯を盛り、❸をのせる。

7分　りんごのコンポート＆ヨーグルト

材料（でき上がり300g）
- りんご …… 1/2個（150g）
- A ┌ 砂糖 …… 大さじ3
  └ レモン汁 …… 大さじ1
- プレーンヨーグルト …… 70mℓ

作り方　〈下ごしらえ3分　レンジ4分〉

❶　りんごは8等分し、赤色がきれいならそのまま、そうでないときは皮をむいて芯を除く。
❷　耐熱ボウルに❶とAを入れ、ふんわりラップをして、電子レンジで3分加熱。さらに煮つめるためラップなしで、電子レンジで1分加熱する。
❸　器にヨーグルトを敷き、❷をシロップごと盛る。

※りんごのコンポートは冷蔵で1週間ほど保存可能。

旬をいただきましょう！

秋・冬編

秋〜冬は、煮物、シチュー、グラタンなどがおいしい季節です。味も香りも濃厚な旬の食材は、それらの料理によく合います。電子レンジは長時間加熱の料理に向いていないと思われがちですが、小皿で落としぶたをするなどの工夫すれば、コンロやオーブンに負けない一品が作れます。

秋の食材 \ Pick up！

さば

昔から「秋さばは嫁に食わすな」というほど、秋のさばは脂がのって美味。栄養価も高く、不飽和脂肪酸の含有量は青背魚の中でも一番です。人気の料理はみそ煮。みその風味でクセが消え、食べやすくなります。

さばのみそ煮 ➡P46

かき

秋も深まると、かきがおいしくなってきます。かきの食用の歴史は古く、縄文時代の貝塚からは大量の殻が出土し、古代ローマ時代には養殖も行われていました。さまざまな栄養素をバランスよく含むため「海のミルク」と呼ばれます。

かきのおろし鍋 ➡P48

しめじ

現在、一般的に見かけるしめじは、栽培種の「ぶなしめじ」。ひと昔前は「ひらたけしめじ」をそう呼んでいました。ほかのきのこ同様、カルシウムの吸収を助けるビタミンDと食物繊維が豊富です。

きのこのカレー ➡P40

にんじん

一年中出回っていますが、秋のにんじんは身が締まり、甘みが濃厚です。にんじんといえば、強力な抗酸化作用をもつβ-カロテンの代名詞。β-カロテンは油を使って調理すると、吸収率がグ〜ンとアップします。

にんじんのグラッセ ➡P38

冬の食材 \ Pick up！

ぶり

成長につれて名前が変わる出世魚で、80㎝以上を「ぶり」と呼びます。真冬の「寒ぶり」は脂ののりがよく絶品。高たんぱくで不飽和脂肪酸、ビタミンDも多く含みます。腹側よりも背側の身のほうが低カロリー。

ぶり大根 ➡P50

きんめだい

目が金色で体形がたいに似ることから、この名があります。深海にすみ、身がやわらかくて脂がのった魚です。煮ても身が締まらないので煮つけに最適。食べるとコラーゲン効果でお肌ツヤツヤに！

きんめだいの煮つけ ➡P52

大根

日本で一番多く食べられている野菜です。通年出回っていますが、寒さとともに甘みが増します。注目は、でんぷん分解酵素のジアスターゼを含むこと。消化を助けて胸焼けや胃もたれを抑えます。葉にはビタミンCも豊富です。

ぶり大根 ➡P50

ほうれんそう

β-カロテン、ビタミンC、鉄の宝庫です。冬のものは葉が肉厚で甘く、栄養も春夏のものよりはるかに充実。アク成分のシュウ酸を含むので、電子レンジで加熱後は、ゆでたときと同様、水にさらします。

ほうれんそうの白あえ ➡P50

食材を使いまわしましょう！

キャベツ、玉ねぎを中途半端に残さないコツと、肉と豆腐の使いまわしについて紹介します。

秋・冬編

豚肉のザワークラウト煮

回鍋肉

豚ばら薄切り肉　秋

豚ばら肉は野菜と合わせるのがおすすめの食べ方。なかでもキャベツとの相性は抜群です。残った肉をすぐに使わない場合は、ラップの上に広げて並べ、ラップで包んでから保存用密閉袋に入れ、急速冷凍をしましょう。

豚肉のザワークラウト煮

ロールキャベツ＆ミートソース

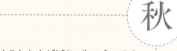

キャベツ　秋

キャベツは加熱するとかさが減り、生で食べるよりもたくさん食べられます。左の2品でキャベツ約½分ですが、1個買ったキャベツが残っていたら、「サワーキャベツ」（→P73）、「キャベツの浅漬け風」（→P74）も作ってみてください。

ほうれんそうの白あえ

あさりのチゲ

絹ごし豆腐　冬

ひとり暮らしの場合は2個セットのミニパックが便利です。左の2品で1パックが使いきれます。残ったもう1パックは汁の実、この季節なら温やっこに。温やっこはふんわりラップをかけて、レンジで軽く温めればOKです。

やわらかハンバーグ

オレンジのサラダ

ミートボールのクリームシチュー

玉ねぎ　冬

中途半端に残っていたら、ほかの残り野菜と合わせて「野菜のシンプル蒸し煮」（→P74）はいかがでしょう？

第2章
レンジでここまでできる！
使いこなしワザ16

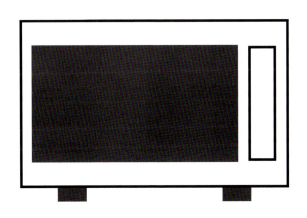

電子レンジのよさをひと言でいうなら、小回りがきくクッキングサポーター。1人分のご飯、1個のゆで卵をおまかせするだけでパパッと仕上がり、冷蔵庫の残り野菜を集めて、まかない風のおかずだって作ります。忙しい日々、まかせれば確実にやってくれるレンジのワザ、役立ちます！

炊飯器よりご飯が早く炊けます！

炊飯器の「早炊きモード」よりもずっと早く炊けるのが、電子レンジ。
なんと浸水なし、蒸らしなし、
わずか17分で、ふっくらご飯が炊けるのです。
「米は洗米後30分浸水させて炊くべし」に慣れてきた世代には、
まさに目からうろこですね。

お米とだしに使えます

材料（2人分）
米‥‥‥‥カップ1
水‥‥‥‥260㎖

作り方

❶米は洗って水きりし、直径22㎝程度の耐熱ボウルに入れ、分量の水を注ぐ。

❷端あけラップをし、電子レンジで5分加熱する。沸騰したら、弱（150〜200W）または解凍キーに切り替え、12分加熱する。

【麦ご飯の場合】
米をカップ¾にし、押し麦¼カップを加えて水260㎖を注ぎ、同様に炊く。

＼これは便利 使えます！／

村上祥子のレンジでかんたん！ ヘルシーおなべ（容量1.5ℓ）
ご飯はもちろん、野菜もたっぷり加熱できる耐熱ガラス製の器具です。くし歯がついているので、水きりも楽ちん！ 電子レンジだけでなく、オーブンにも使えます。
・定価：2200円（税抜き）
・問い合わせ先：AGCテクノグラス株式会社　http://www.igc.co.jp/

なぜ電子レンジは早くおいしく炊けるの？

米は約15％の水分を含みます。水は分子量が18、小さい分子です。一方、マイクロ波は電極が1秒間に24億5000万回も向きを変えるほど速く動きます。この電極の急速な変化に、分子量が小さい水の分子はぴったりとついていきます。しかもマイクロ波が米粒の中の水分と、炊飯用の水分の両方に同時に当たるため、米粒は内からも外からも加熱されて、浸水時間ゼロでもふっくらと炊けるのです。

2 おかゆだって簡単！

マイクロ波が水の分子を動かすことによって加熱が起こる電子レンジ。
普通のご飯よりもさらに水分が多いおかゆ作りは、得意中の得意です。

材料（2人分）
米 ……… 45g
水 ……… 250㎖

作り方
❶米は洗って水きりし、直径22㎝程度の耐熱ボウルに入れ、分量の水を注ぐ。
❷端あけラップをし、電子レンジで6〜7分加熱する。沸騰したら、弱（150〜200W）または解凍キーに切り替え、20分加熱する。
❸取り出し、5分蒸らす。

3 一発でだしがとれます！

「だしをとるのは面倒」という人も、電子レンジなら手軽！
専用のだしポットがあればこす手間もなくなり、ふたをしてそのまま保存もできます。

材料（でき上がり約600㎖）
昆布（3㎝角）……… 2枚
削り節 ……… 小3パック（9g）
水 ……… 600㎖

作り方
❶取っ手付きの耐熱容器に分量の水を入れ、昆布と削り節を入れて沈める。
❷ラップやふたはしないで電子レンジで7分加熱し、熱いので取っ手を持って、茶こしで昆布と削り節をこす。粗熱が取れたらふた付きの保存容器に入れ、冷蔵庫で保存を。

これがあると便利です！

村上祥子のだしポット（容量700㎖）
レンジで加熱後、茶こしでこす手間もふた付き保存容器に移す手間もいらず、とても楽チン便利です。
・定価：2700円（税抜き）
・問い合わせ先：
AGCテクノグラス株式会社　http://www.igc.co.jp/

4 ゆで卵1個が簡単に作れます！

「電子レンジでゆで卵？ 卵をアルミ箔で包む？」と、驚いていませんか？
確かに、卵はレンジ加熱すると破裂するし、アルミ箔はレンジ使用不可のはず。
でも、ゆで卵はマイクロ波を通さないという、アルミ箔の性質が逆に必要。
アルミ箔がマイクロ波の直撃から卵を守ってくれるからです。
この状態で水に入れて加熱すれば、鍋でゆでたときと同じように熱が伝わります。

卵料理に使えます

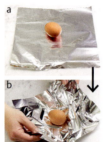

材料（1人分）
卵……… 1個
水……… 100mℓ

作り方
❶アルミ箔を25×25cmに切り、卵を包む（写真a・b）。
❷耐熱カップに水100mℓを注ぎ、❶を入れて、**ふんわりラップ**をする（写真c・d）。電子レンジで**2分**加熱し、弱（150〜200W）または解凍キーに切り替え、**12分**加熱する。
❸水にとって冷まし、アルミ箔をはずして殻をむく。

? アルミ箔を使って危険ではないの？

電子レンジの機種によってはまれに、電子レンジのマイクロ波とアルミ箔にはね返されたマイクロ波の間で放電が起こることがありますが、このレシピの場合は、アルミ箔で包んだ後、水を張るので水がマイクロ波を吸収するからです。

5 温泉卵だって1分で完成！

温泉卵は卵黄のほうが卵白よりも
凝固温度が低いことを利用するため、
温度管理が難しい料理ですが、電子レンジならチンでOK！
ただし、卵は中心部が60℃になると
破裂してしまうので、水に沈めて加熱します。

材料（1人分）
卵（冷蔵庫から出したてのもの）……… 1個
水……… 約大さじ3

作り方
❶コーヒーカップに分量の水を入れ、卵を割り入れる。必ず、卵に水がかぶっていることを確認すること（写真a）。
❷ソーサーなど**皿をかぶせ**（ラップでは熱くて触れないため・写真b）、電子レンジで**1分**加熱する。
❸取り出して湯を捨てる。卵を器に移し、割りじょうゆをかけて食べるのもおすすめ。

6 楽ちん茶わん蒸しにも挑戦してみましょう！

蒸し器を出すのが面倒、すが立ってしまう。茶わん蒸しの2大お悩みを、村上流茶わん蒸しでは「電子レンジ＋アルミケースの裏ワザ」で一挙に解決！すが立つのは温度が高くなりすぎるからです。そこでアルミケースを使い、卵液が固まる温度60〜65℃に合わせて、レンジ加熱の温度上昇をおさえます。

材料（1人分）
- 卵 …… 1個
- A ┌ だし汁* …… 100㎖
　　├ みりん …… 小さじ1
　　└ 薄口しょうゆ …… 小さじ1
- しめじ（石づきを除いてほぐす）…… 大さじ1強
- かまぼこ（薄切り）…… 2切れ
- みつば …… 2本
- ゆずの皮（0.5×4㎝）…… 1枚
- アルミケース（直径7〜8㎝のおべんとう用おかず入れ）…… 1個

＊水100㎖に和風だしの素小さじ¼を溶いてもよい。

作り方
❶ ボウルにAを混ぜ合わせ、溶いた卵を加えてこす。
❷ 耐熱性の器にしめじ、かまぼこを入れ、❶を加えて、ぴったりとラップをかける（写真a）。
❸ アルミケースを平らにのばし、❷にかぶせて器の形に沿って折る。縁を1㎝幅ほど残して中央を丸く切り抜き、再び❷にかぶせる（写真b〜e）。
❹ みつばは熱湯をかけてしんなりさせ、2本合わせて片結びにする。ゆずの皮は中央に縦の切り込みを入れる。
❺ 電子レンジの中にあとで取り出しやすいように小皿を置き、❸をのせて2分加熱する。ラップの上から卵液の状態をのぞき、ゆるいときはさらに30秒〜1分加熱する。
❻ 取り出して、アルミケースとラップをはずし、❹をのせる。

\ ここがポイント！ /

アルミ箔はマイクロ波をはね返します。アルミケースの真ん中を切り取ることによって、中央は熱が通るけれど、周囲は熱が通らない状態を作り、卵液に熱が通りすぎるのを防ぎます。なめらかな茶碗蒸し作りのポイントは、まさにここです。

7 大好評のやわらかとろりんプリンの作り方を伝授しましょう！

みなさん、プリン、大好きですよね。
茶わん蒸しと同じ
「電子レンジ＋アルミケースの裏ワザ」を
利用すれば、レンチンたったの2分で
舌ざわりよく、濃厚なプリンが
作れます。

お手軽デザートが作れます

材料（直径8.5×高さ6cm、容量200mlの耐熱ガラスカップ1個分）
卵 …… 1個
砂糖 …… 大さじ1
バニラエッセンス …… 2〜3滴
A ┌ 牛乳 …… 50ml
　└ 生クリーム …… 50ml
メープルシロップ …… 小さじ2
アルミケース（直径7〜8cmのおべんとう用
　おかず入れ）…… 1個

作り方
❶ボウルに卵を割り入れ、砂糖、バニラエッセンスを加えて泡立て器でなめらかに混ぜ、Aを加えて混ぜる。茶こしでこし、耐熱ガラスカップに流し入れ、ぴったりとラップをする。
❷アルミケースを平らにのばし、❶にかぶせてカップの形に沿って折る。縁を幅1cmほど残して中央を丸く切り抜き、再び❶にかぶせる（→P67）。
❸レンジの中に小皿を置いて❷をのせ、2分加熱する。食べるときに、メープルシロップをかける。

8 卵白で作るホワイトプリンも覚えてください！

卵白に牛乳を加えてレンジ加熱してください。
デザートにぴったりのあっさりプリンができます。
このプリンはいわば卵白豆腐、
しょうゆをかけてもおいしいです。

材料（直径14.5cm、容量500mlの耐熱ボウル1個分）
卵白 …… 3個分
牛乳 …… 50ml
はちみつ …… 少々

作り方
❶耐熱ボウルに卵白を入れ、泡立て器で溶きほぐし、牛乳を加えて混ぜる。
❷破裂防止のため、ぬらしたティッシュペーパー2枚を重ねてかけ（写真a・b）、電子レンジで2分加熱する。
❸スプーンですくって器にとり、はちみつをかける。

※冷めたら耐熱ボウルにラップをかけて冷蔵すれば、3日ほど保存可能。

9 レンチン3分、豆乳ヨーグルトは リピーター続出の絶品デザート！

口当たりは絹ごし豆腐、大豆のほのかな香りに酸味がかすかにきいて、
料理教室の生徒さんたちに大人気の豆乳ヨーグルトです。毎日の健康のためばかりでなく、
牛乳の代わりとして、
シチューなどにも使えます。

材料（でき上がり560g）
無調整豆乳（大豆固形分9%）……… 500㎖
プレーンヨーグルト ……… 60g

作り方
❶耐熱容器に豆乳を入れ、ラップなしで、電子レンジで3分加熱する（こうすると約40℃になり、乳酸菌が繁殖しやすい温度帯になる）。
❷❶にヨーグルトを加えて混ぜる。ふたをし、室温で冬なら1時間、夏なら30分おく。絹ごし豆腐状に固まればでき上がり。

※冷蔵で1週間ほど保存可能。

その他の楽しみ方

・フルーツグラノーラにかける。
・グレープフルーツ、バナナ、いちごなどフルーツに添える。
・切り干し大根、乾燥わかめなど乾物をもどすとき、水の代わりに使う。乾物の栄養価がグッと高まり、残った豆乳ヨーグルトも調味料として使える。
・温しゃぶのたれに。作り方（2人分）：豆乳ヨーグルト170g、オリーブ油大さじ1、みそ大さじ2、おろしにんにく小さじ1を混ぜる。
・水きりヨーグルトを作る。作り方：カップにコーヒー用ペーパーフィルターをセットし、豆乳ヨーグルトを入れ、8時間ほどおいて水きりする。トーストに塗ってもおいしい。
　水きりヨーグルトを作るときに出た水分「ホエー」は、カルシウムが溶け出しているので、炭酸水とはちみつを加え、ハニードリンクとしてどうぞ。

飲む豆乳ヨーグルト

材料（でき上がり900㎖）
豆乳ヨーグルト ……… 500㎖
砂糖 ……… 50g
レモン汁 ……… 大さじ1（またはクエン酸小さじ1/5）
バニラエッセンス ……… 5滴
水（または炭酸水）……… 200㎖

作り方
材料すべてをミキサーにかける。

10 オーブンを使わず電子レンジだけでピザが作れます！

生地は材料を全部混ぜてポリ袋にギューッと詰め、冷蔵庫で1時間ほど発酵させるだけ！狭い場所に詰めて発酵の圧力を押さえつけることで、自動的にこねる作業もしてくれます。これをのばして具をのせ、レンジ加熱！ふっくらと仕上げるコツは、村上発案の割り箸使い。湯せんのようなシステムがスチームオーブンの代わりをします。

ピザとフォカッチャが作れます

お野菜のソフトピザ

材料（直径20cm1枚）
生地（→P71）……1枚分（180g）
ほうれんそう……100g
ミニトマト……10個
ベーコン……2枚
ピザ用チーズ……25g
粉チーズ……大さじ2
パセリ（みじん切り）……少々
強力粉（打ち粉用）……適量
オリーブ油……大さじ1
おろしにんにく……1かけ分
塩、こしょう……各少々

作り方
❶ 具の準備をする。ほうれんそうはゆでて水にとり、1.5cm長さに切る。ミニトマトはへたを取り、横3等分に切る。ベーコンは3cm幅に切る。

❷ まな板に打ち粉をして生地をのせ、全体に打ち粉をまぶす。ゴムべらで押さえてガスを抜く。

❸ 生地を周囲から中央に寄せるようにして丸くまとめ、つまんでとめる。返して、のばしやすくするためにフォークで穴をあける。

❹ めん棒でのばし、向きをかえて再びフォークで穴をあけ、直径20cmにのばす。

❺ クッキングシートを敷いた耐熱皿にのせ、オリーブ油、にんにくを順に塗る。塩、こしょうをふり、❶、ピザ用チーズを順にのせ、粉チーズ、パセリをふる。

❻ 電子レンジの中に直径15cmの耐熱皿を置き、熱湯200mlを注ぐ。割り箸2膳をのせ、その上に❺を置く。ふんわりラップをし、5分加熱する。

11 こちらもオーブン不要！同じ生地でフォカッチャも作れます！

レンジフォカッチャはオーブン焼きよりも、もっちり、やさしい味。
中に詰めたチーズの香ばしさとともに味わってください。

もっちりフォカッチャ

材料（4個分）
生地（下記参照）……… 1枚分（180g）
強力粉（打ち粉用）……… 適量
ピザ用チーズ……… 大さじ4
オリーブ油 ……… 大さじ1
塩、ローズマリー（生）……… 各少々

作り方
❶まな板に打ち粉をして生地をのせ、全体に打ち粉をまぶす。ゴムべらで押さえてガスを抜き、4等分する。
❷1つずつ生地を周囲から中央に寄せるようにして丸くまとめ、つまんでとめる。フォークで刺してのばしやすくし、直径8〜10cmにのばす。
❸ピザ用チーズを大さじ1ずつのせ、周囲の生地を中央に寄せて合わせ目をとじる。
❹もう一度直径8cmにのばす。クッキングシートを敷いた耐熱皿に並べ、人さし指の先に強力粉をつけて、くぼみを4ヵ所つける。残りの生地も同様に行う。
❺オリーブ油を表面に塗り、塩をふって、ローズマリーを散らす。
❻電子レンジの中に直径15cmの耐熱皿を置き、熱湯カップ1を注ぐ。割り箸2膳をのせ、その上に❹を置く（→P70の作り方6）。ふんわりラップをし、5分加熱する。

冷蔵5日、冷凍2ヵ月。いつでもチンして使える生地の作り方

※発酵力が強くてポリ袋が破れたときは、上からもう1枚ポリ袋で包む。※冷蔵で5日、冷凍で2ヵ月ほど保存可能。冷凍を解凍するときは、弱（150〜200W）または解凍キーに4分かけ、解凍と発酵を同時に行う。

材料（直径20cmの生地）

	1枚（180g）	5枚
強力粉	100g	500g
水	70㎖	350㎖
オリーブ油（またはサラダ油）	小さじ2	大さじ3⅓
ドライイースト	小さじ1	大さじ1⅔
塩	小さじ⅕	小さじ1
強力粉（打ち粉用）	適量	適量

作り方
❶ボウルに分量の水とオリーブ油を入れて混ぜ、ドライイーストを加えてさっと混ぜる。強力粉と塩を加え、よく混ぜて1かたまりにする。
❷ポリ袋に入れ（5枚のときは1枚分180gずつに分けて）、空気をきっちり抜いて口をしばる。冷蔵庫で1時間以上発酵させる。

12 電子レンジならジャムが短時間で作れます！

ジャム作りはまず、材料に砂糖をまぶして1晩おき、水分を出すことから始まりますが、電子レンジはそれが不要。材料の中から発熱することで急速に水分が出て10分でジャムが作れるのです。そのうえ短時間に仕上がるので色鮮やか、素材の香りも残ります。

トマトのジャム

トマトと聞いて意外の「エッ？」、食べるとおいしさの「エッ？」と、ダブルサプライズ！ トマトの甘酸っぱさとグルタミン酸を生かした、自信作です。

材料（でき上がり100㎖）
トマト……150g
砂糖……大さじ3
レモン汁……大さじ1

作り方
❶トマトは横半分に切り、種を除いて、粗みじん切りにする（皮が気になる場合は、切る前に熱湯で湯むきする）。
❷❶の3倍以上の容量の耐熱ボウル（トマトは吹きこぼれやすいので大きめがよい）に、❶、砂糖、レモン汁を入れ、ふんわりラップをして、電子レンジで2分加熱する。
❸取り出し、ラップなしで、半量になるまで5分ほど加熱する。

※冷めたら瓶に移し、ふたをして冷蔵する。1ヵ月ほど保存可能。

超便利！ 電子レンジで瓶を殺菌する方法

電子レンジを使っての殺菌は長期間保存向きではありませんが、かなり滅菌できるので、1ヵ月以内の保存ならおすすめです。やり方は、金属ふたつきガラス瓶の場合は、ふたを取ってガラス瓶だけを1分、樹脂製容器の場合は、ふたを取り、容器の隣に置いてともに1分、電子レンジにかけます。

ブルーベリーのジャム

レンジで作ると、ブルーベリーの粒がくずれずにプリッ。フレッシュな風味が味わえます。豚肉や鶏肉のソテーにかけると、おしゃれな味が楽しめます。

材料（でき上がり100㎖）
ブルーベリー……100g
砂糖……大さじ3
レモン汁……大さじ1

作り方
❶耐熱ボウルにすべての材料を入れる。
❷ふんわりラップをし、電子レンジで2分加熱。ラップなしで、さらに1分加熱する。

※冷めたら瓶に移し、ふたをして冷蔵する。1ヵ月ほど保存可能。

13 あと一品欲しいとき、レンチン2分で野菜100gのおかずができます！

作り方はすごく簡単！野菜100gに水大さじ1をかけ、ふんわりラップかふたをして、レンジに1分30秒〜2分かけるだけです。

余った野菜を使いきれます

ほうれんそうの下ごしらえ

ほうれんそう100gを食べやすく切る。耐熱容器に入れ、水大さじ1をかける。 → **ふんわりラップ**かふたをして、電子レンジで**1分30秒**加熱する。 → 水を加えて冷まし、水けを絞る。おひたしなどに。

サワーキャベツ

耐熱容器に、キャベツのざく切り100g、酢大さじ1、鶏がらスープの素小さじ1/4を入れる。**ふんわりラップ**かふたをして、電子レンジで**1分30秒**加熱する。

ふろふき大根

耐熱容器に、皮をむいて一口大に切った大根100g、和風だしの素、しょうゆ各小さじ1/4、水大さじ1を入れる。**ふんわりラップ**かふたをして、電子レンジで**2分**加熱する。

にんじんソテー

耐熱容器に、皮をむいて乱切りにしたにんじん100g、塩、こしょう各少々、オリーブ油小さじ1、水大さじ1を入れる。**ふんわりラップ**かふたをして、電子レンジで**2分**加熱する。

14 余った野菜を使いきれる おいしいレシピがあるのですよ！

野菜室にほったらかしになっていたキャベツの中心部、
余った大根やにんじん、捨てていたブロッコリーの茎やセロリの葉、
村上レンチン食堂がうれしい一品に変身させます！

まだまだ余った野菜の使いきり続きます

野菜のシンプル蒸し煮

野菜の使いきりレシピですが、おいしいからわざわざ作りたくなるほどです。
そのまま食べてもいいし、ポン酢しょうゆやドレッシングをかけたり、
パスタとあえる、みそ汁の具など、いろいろ使えます。

材料（基本の分量）
好みの野菜（ピーマン、玉ねぎ、にんじん、
　じゃがいも、大根、大根の皮、れんこん、
　ブロッコリーの茎、パプリカ、にんにくの
　芽など）……… 800g
オリーブ油 ……… 大さじ2
塩 ……… 小さじ¼
こしょう ……… 少々

作り方
❶野菜は下処理し、2cm長さ、または1.5～2cm角に切る。
❷耐熱ボウルに入れ、ふんわりラップをして、電子レンジで16分加熱する。オリーブ油を回しかけ、塩、こしょうをふって混ぜる。

※野菜400gのときは、調味料を½量、加熱時間を半分にする。
※保存するときは容器に移し、冷めたらふたをして冷蔵庫へ。3～4日保存可能。

キャベツの浅漬け風

つい余りがちなキャベツは、漬物風の一品が
おすすめ。オリーブ油をかけてサラダにしたり、
ソーセージと煮てもいいですね。
常備菜としてとても重宝です。

材料（基本の分量）
キャベツ ……… 200g
A ┬ 塩 ……… 小さじ½
　├ 酢 ……… 小さじ2
　├ 和風だしの素 ……… 小さじ¼
　└ 昆布（3cm角）……… 1枚

作り方
❶キャベツは大ぶりにざくざくと切る。
❷耐熱ボウルに❶を入れ、ふんわりラップをして、電子レンジで2分加熱する。
❸ポリ袋に移し、Aを加えてからめ、冷めるまでおく。

※保存容器に移し、冷蔵で1週間、冷凍で1ヵ月ほど保存可能。

カラフル煮しめ

根菜類が余ったときは、和風の煮物はいかがでしょう。温かくても、冷めてもおいしいから、おべんとうにもいいんです。

材料（4人分）
大根 ……… 300g
にんじん ……… 1本（150g）
れんこん ……… ½本（100g）
ごぼう ……… ½本（50g）
グリーンアスパラガス
　……… 2本（50g）
スナップえんどう ……… 50g
A ┌ みりん ……… 大さじ3
　├ 薄口しょうゆ ……… 大さじ3
　└ 和風だしの素 ……… 小さじ1

作り方
❶大根、にんじん、れんこんは皮をむいて一口大に切る。ごぼうは皮をこそげて1㎝幅の斜め切りにする。
❷アスパラガスは下3㎝を切り落とし、3等分に切る。スナップえんどうは筋を取り、斜め半分に切る。耐熱ボウルに入れ、水大さじ1を加えて、ふんわりラップをし、電子レンジで1分加熱して水にとる。
❸耐熱ボウルに❶を入れ、Aをかける。ふんわりラップをし、電子レンジで12分加熱する。❷を加えて混ぜる。

※保存するときは容器に移し、冷めたらふたをして冷蔵庫へ。1週間ほど保存可能。冷凍は不可。

和風ピクルス

少し甘めの食べやすいピクルスです。にんじんは漬かりにくいので、細く切ります。オリーブ油をかけてサラダ風、細かく刻んでマヨネーズあえにすれば、フライや鶏南蛮向きの絶品タルタルになります。

材料（450㎖容量瓶1個分）
きゅうり ……… 2本（200g）
にんじん* ……… ½本（75g）
赤唐辛子 ……… 1本
にんにく ……… 1かけ
A ┌ 酢、水 ……… 各50㎖
　├ 砂糖 ……… 大さじ1
　├ しょうゆ ……… 小さじ2
　├ 塩 ……… 小さじ½
　└ 和風だしの素
　　　……… 小さじ¼

＊切りかけのものや切れ端でもよい。

作り方
❶瓶にきゅうりを縦に入れ、口から飛び出した部分を切り落とす。切り落とした部分は縦半分にしてすき間に詰める。
❷にんじんは皮をむいて、1〜1.5㎝角の棒状に切り、きゅうりのすき間に詰めて、赤唐辛子、にんにくを加える。
❸Aを混ぜ合わせ、瓶の口まで注ぐ。ラップなしで、電子レンジで4分加熱。ふたをし、室温に1日おく。

セロリの中華あえ

最近のセロリはアクが少なく、葉まで全部食べられますから、1本丸ごとピリ辛あえにしましょう。ご飯がすすみますよ。

材料（作りやすい分量）
セロリ（葉も含めて）
　……… 1本（100g）
A ┌ 赤唐辛子（小口切り）……… 1本
　├ しょうゆ、ごま油
　└ 　　……… 各大さじ1
青じそ ……… 4枚

作り方
❶セロリは茎と葉に分け、茎はピーラーで筋を取って5㎜幅の斜め切りにする。葉はざく切りにする。
❷耐熱ボウルに❶とAを入れて混ぜ、ふんわりラップをして、電子レンジで1分加熱する。
❸取り出し、青じそを1㎝角にちぎって加え、混ぜる。

※保存するときは容器に移し、冷めたらふたをして冷蔵庫へ。1週間ほど保存可能。

余り野菜がおいしい一品になりました

15 レンジだけで作れる、秘伝の村上流 作りおき常備菜3種!

常備菜を作っておくよさは、そのまますぐ食べられるだけでなく、アレンジができることです。
そんな便利なおかずが電子レンジなら5分以内で作れます!

常備菜が作れます

さんまのコンフィ

低温の油で長く煮るコンフィも、電子レンジなら3分! おなじみのさんまが白ワインの似合う、おしゃれな一品に変身します。

材料（作りやすい分量）
- さんま（甘塩）……… 2尾
- こしょう ……… 少々
- オリーブ油（またはサラダ油）
  ……… 200㎖
- ローリエ ……… 1枚

作り方
❶ さんまは三枚におろし、それぞれ長さを3等分に切って、こしょうをふる。
❷ 耐熱皿にオリーブ油を入れ、❶を並べ入れて、ローリエをのせる。ふんわりラップをし、電子レンジで3分加熱する。
❸ 粗熱が取れたら保存容器に移す。食べるときは生野菜やマッシュポテトを盛り合わせるとよい。

※冷蔵で1ヵ月ほど保存可能。冷凍も可能。

鶏みそそぼろ

村上流は赤みそを使い、甘めで濃厚。だからビビンバに最適です。焼きなすや湯豆腐にもいいし、サンドイッチもいけますよ。

材料（でき上がり250g）
- 鶏ひき肉 ……… 200g
- 赤みそ、砂糖 ……… 各50g
- おろししょうが ……… 小さじ1
- 酒、しょうゆ、生クリーム
  ……… 各大さじ1
- 一味唐辛子 ……… 小さじ¼

作り方
❶ 耐熱ボウルに材料をすべて入れて混ぜ、ふんわりラップをして、電子レンジで4分加熱する。
❷ 取り出して混ぜ、冷めたら保存容器に移す。

※冷蔵で1ヵ月ほど保存可能。冷凍も可能。

牛こまのつくだ煮

「ご飯が何杯もすすんじゃって困る……」と、大好評のおかずです。溶き卵に加えて焼き、卵焼きや卵丼にするのもいいですね。

材料（でき上がり250g）
- 牛切り落とし肉 ……… 100g
- しめじ ……… 1パック（100g）
- しらたき（アク抜き済み）……… 50g
- A ┌ 砂糖、しょうゆ、酒
    └ ……… 各大さじ2

作り方
❶ 牛肉は3〜4㎝角に切る。しめじは石づきを除いてほぐす。しらたきは3㎝長さに切る。
❷ 耐熱ボウルにAを入れて混ぜ、❶を加える。クッキングシートをかぶせて小皿をのせ、ふんわりラップをし、電子レンジで5分加熱する。取り出して混ぜ、冷めたら保存容器に移す。

※冷蔵で1週間ほど保存可能。

16 取っておき！グリルも焼き網も使わず、電子レンジで干物が焼けます！

塩にはマイクロ波を吸収しやすい性質があります。それを利用するため、干物を水に一度くぐらせ、浸透圧によって内部の塩を表面に浮き上がらせます。こうしてレンジ加熱すると、干物は表面がパリッ、水蒸気の力も借りて中はふっくら。この「パリッ、ふっくら」を上手に調節するのが、クッキングシートです。

材料（1人分）
あじの干物（甘塩） ……… 1枚（160g）
青じそ ……… 1枚
おろし大根 ……… 大さじ1

作り方
❶ あじの干物は水にくぐらせる。クッキングシートの対角線上に、皮を下にしてのせ、手前と向こう側の角を持ち上げてねじるようにとめる。残りの角はそれぞれねじり、舟形にして小ぶりの耐熱皿にのせる（金串を打ったように形よく仕上げるため）。
❷ 電子レンジに❶を入れて4分、表面に焦げ目がつくまで加熱する。
❸ 器に盛り、青じそ、おろし大根を添え、好みでしょうゆをたらす。

※加熱時間は干物の重量によって加減する。

なぜ電子レンジで干物が焼けるの？

普通の加熱は外から熱が加えられ、徐々に中心部に伝わります。しかし電子レンジの場合は、表面も中心部も同時に、むしろ各方面からマイクロ波が当たる中心部のほうが先に、急速な勢いで加熱が進み、水分を蒸発していきます。この加熱の進行を抑える役割を担うのが塩です。魚の表面に塩があると、マイクロ波は塩に吸収され、内部への侵入がスローダウンします。そのため魚の表面だけが焦げて焼いたときのような状態になります。一度水につけるのは、干物の内部の塩を表面に浮き上がらせるためです。

魚が焼けます

春の定食

野菜の色が鮮やかになる季節です。それらを取り入れて、食卓にもウキウキとした彩りを運びましょう。あまりなじみのないメニューもありますが、チャレンジしてみてください。電子レンジなら気軽に作れ、失敗もしません。

定食名		料理名	下ごしらえタイム	電子レンジタイム	使いまわしメモ
えびチリ定食	メイン	えびチリ	4分	3分	長ねぎ10cm
	サブ	アスパラガスのヨーグルトソースかけ	3分	1分	
チャーシュー定食	メイン	チャーシュー	3分	3分	水菜½束
	サブ	そら豆の豆乳湯	3分	2分	
さわらのブイヤベース定食	メイン	さわらのブイヤベース	4分	5分	玉ねぎ¼個
	サブ	さつまいものサラダ	5分	3分	
かにかま芙蓉蟹定食	メイン	かにかま芙蓉蟹	2分	2分	長ねぎ(青い部分)水菜¼束
	サブ	酸辣白菜	3分	3分	白菜⅛個
たいのアクアパッツァ定食	メイン	たいのアクアパッツァ	2分	3分	
	サブ	パンプキンスープ	2分	3分	
鶏の照り焼き定食	メイン	鶏の照り焼き	2分	2分	
	サブ	白菜と水菜の中華サラダ	2分	2分	白菜⅛個、水菜¼束
豆腐と油揚げのさっと煮定食	メイン	豆腐と油揚げのさっと煮	4分	2分	
	サブ	豚汁	4分	3分	水菜2本
チキンドライカレー定食	メイン	チキンドライカレー	4分	4分	玉ねぎ¼個
	サブ	さやいんげんのサラダ	4分	2分	
蒸し鶏の生春巻き定食	メイン	蒸し鶏の生春巻き	4分	2分	サニーレタス2枚 万能ねぎ4本 赤ピーマン1個
	サブ	ベトナム風春雨スープ	3分	4分	サニーレタス2枚 万能ねぎ4本 赤ピーマン1個

夏の定食

夏バテしないように、肉、魚、豆腐などのたんぱく質源をしっかりとることが大切です。味つけに酢や梅干しで酸味を加えると、さっぱりと食べられます。にんにくを上手に取り入れるコツをマスターし、スタミナアップを！

定食名		料理名	下ごしらえタイム	電子レンジタイム	使いまわしメモ
揚げない鶏のから揚げ定食	メイン	揚げない鶏のから揚げ	3分	3分	
	サブ	トマトと青じそのピリ辛サラダ	3分	1分	トマト1個
青椒肉絲定食	メイン	青椒肉絲	3分	5分	
	サブ	酸辣湯	4分	4分	トマト1個
チキンのバスク風定食	メイン	チキンのバスク風	2分	5分	トマト1個
	サブ	しめじのバターライス	3分	2分	
麻婆豆腐定食	メイン	麻婆豆腐	3分	5分	長ねぎ5cm
	サブ	もやしのごまマヨあえ	3分	2分	
えびマヨ定食	メイン	えびマヨ	4分	2分	長ねぎ5cm
	サブ	たたききゅうりのかにあんかけ	4分	1分	
あじの梅煮定食	メイン	あじの梅煮	3分	4分	
	サブ	ほうれんそうのおひたし	3分	3分	
いかゲソの煮つけ定食	メイン	いかゲソの煮つけ	3分	2分	
	サブ	ポテトサラダ	3分	3分	

秋の定食

レンジが得意とする蒸し煮や煮魚など、温かい料理が恋しくなる季節です。みそやクリームなどコクがある味も求められます。キャベツはザワークラウト、回鍋肉、ロールキャベツに使いまわしします。

定食名		料理名	下ごしらえタイム	電子レンジタイム	使いまわしメモ
豚肉のザワークラウト煮定食	メイン	豚肉のザワークラウト煮	3分	4分	豚ばら薄切り肉100g キャベツ2枚
	サブ	にんじんのグラッセ＆ブロッコリーのペペロンチーノ	4分	4分	
きのこのカレー定食	メイン	きのこのカレー	3分	4分	
	サブ	サーモンとグレープフルーツのサラダ	4分	1分	
回鍋肉定食	メイン	回鍋肉	3分	4分	豚ばら薄切り肉100g キャベツ2枚
	サブ	卵チャーハン	3分30秒	2分30秒	
温たまグラタン定食	メイン	温たまグラタン	4分	5分	
	サブ	カリフラワーのカレーマリネ	4分	2分	カリフラワー100g
さばのみそ煮定食	メイン	さばのみそ煮	3分	2分	
	サブ	かぼちゃと油揚げの汁物	3分	4分	
ロールキャベツ＆ミートソース定食	メイン	ロールキャベツ＆ミートソース	3分	8分	キャベツ4枚
	サブ	チーズポテト	3分	4分	
かきのおろし鍋定食	メイン	かきのおろし鍋	4分	10分	
	サブ	カリフラワーとたこのさっと煮	2分	2分	カリフラワー100g

冬の定食

煮物、シチュー、鍋など、体が温まるメニューを増やします。サラダはホットサラダにするのもおすすめ。大根やフルーツのビタミンC、ねぎ、にら、にんにくの硫化アリルは、カゼに負けない体づくりを応援してくれます。

定食名		料理名	下ごしらえタイム	電子レンジタイム	使いまわしメモ
ぶり大根定食	メイン	ぶり大根	3分	7分	
	サブ	ほうれんそうの白あえ	2分	3分	絹ごし豆腐50g
やわらかハンバーグ定食	メイン	やわらかハンバーグ	2分	5分	玉ねぎ¼個
	サブ	コーンチャウダー	4分	4分	ミニトマト2個 にんじん2cm
きんめだいの煮つけ定食	メイン	きんめだいの煮つけ	3分	2分	長ねぎ5cm
	サブ	しじみのみそ汁	2分	3分	
あさりのチゲ定食	メイン	あさりのチゲ	4分	8分	絹ごし豆腐100g 長ねぎ1本
	サブ	にらとねぎのおひたし	4分	2分	長ねぎ10cm
スパイシーチキンスペアリブ定食	メイン	スパイシーチキンスペアリブ	2分	3分	キャベツ1枚
	サブ	オレンジのサラダ	5分	1分	ミニトマト3個 玉ねぎ¼個 にんじん2cm
ミートボールのクリームシチュー定食	メイン	ミートボールのクリームシチュー	4分	8分	玉ねぎ½個 にんじん½本
	サブ	キャベツとにんじんのホットサラダ	4分	1分	キャベツ2枚 にんじん2cm
親子丼定食	メイン	親子丼	3分30秒	3分30秒	玉ねぎ¼個
	サブ	りんごのコンポート＆ヨーグルト	3分	4分	

村上祥子
（むらかみ・さちこ）

料理研究家。管理栄養士。公立大学法人福岡女子大学客員教授。
1985年より福岡女子大学で栄養指導実習講座を担当。糖尿病の治療食の開発で、油控えめでも1人分でも短時間においしく調理できる電子レンジに着目。以来、研鑽を重ね、電子レンジ調理の第一人者となる。これまでに出版した著書は330冊（累計発行部数730万部）。現在、健康寿命の延伸に力を注いでいる。

ブックデザイン	佐藤芳孝（サトズ）
撮影	中野正景（スタジオコム）
撮影助手	城川まりこ（スタジオコム）
スタイリング	鈴石真紀子
調理助手	城戸恭子
	藤木良美
構成	遠田敬子

講談社のお料理BOOK

村上レンチン食堂の「15分で2品」定食

2017年5月24日　第1刷発行

著者　村上祥子
発行者　鈴木 哲
発行所　株式会社 講談社
　　　　〒112-8001　東京都文京区音羽2-12-21
　　　　電話　（編集）03-5395-3527
　　　　　　　（販売）03-5395-3606
　　　　　　　（業務）03-5395-3615
印刷所　大日本印刷株式会社
製本所　株式会社若林製本工場

定価はカバーに表示してあります。
落丁本・乱丁本は、購入書店名を明記のうえ、小社業務あてにお送りください。
送料小社負担にてお取り替えいたします。
なお、この本についてのお問い合わせは、生活文化部 第一あてにお願いいたします。
本書のコピー、スキャン、デジタル化等の無断複製は著作権法上での例外を除き禁じられています。
本書を代行業者等の第三者に依頼してスキャンやデジタル化することは、
たとえ個人や家庭内の利用でも著作権法違反です。

©Sachiko Murakami 2017, Printed in Japan
ISBN978-4-06-299696-9